東大アメリカンフットボール部
ウォリアーズの軌跡
—新時代の大学スポーツを目指して—

一般社団法人　東大ウォリアーズクラブ
代表理事　好本一郎 著

日外アソシエーツ

●カバーデザイン●　岡部 真衣（東大ウォリアーズ・マーケティング）

はじめに

■２人の師匠

大学卒業以来40年間、ビジネス界で生きてきた私には自分の師匠だと思っている経営者が２人います。ひとりはハワード・シュルツ氏、もうひとりが原田泳幸氏です。

ハワード･シュルツ氏は言わずと知れたスターバックスの創始者です。同い年の彼に初めて会ったのが45才のころ、私がバクスターのある事業部の責任者をやっていた時です。当時スターバックスは日本上陸直後で、まだ30数店舗開いたばかりでしたが、日本市場での手応えを感じ経営陣に日本人のリーダーを入れようということで声をかけられたのがきっかけでした。

原田泳幸氏は、ご存知のとおり日本を代表する経営者で、アップル、日本マクドナルド、ベネッセのCEOを歴任され、直近ではタピオカティーで知られる台湾のカフェチェーンの日本法人のCEOに就いています。原田さんとはアップル時代に親交があり、そのご縁で彼が日本マクドナルドのトップに就任した後呼ばれ、約８年間すぐ近くで仕事をさせてもらいました。

２人は違うタイプの経営者に見えますが、傑出したリーダーとして、いくつも共通点を持っています。

・ゴールを明確に示す
・そこにどうやってたどり着くかをクリアに示す
・途中でブレない
・同僚、部下に対してプロとしてのリスペクトがある

・企業価値は社員の価値の総和であることを自覚している
・自分が目指すゴールの価値を信じ、情熱と信念を持って進む

２人からは大きな影響を受けました。自分の体の中に経営者としての「核」を作ってくれた、まさに師匠と呼べる存在です。私としては、ハワードに経営者として歩くべき道を教わり、原田さん（以下敬称略）にその道をどう歩いていったら良いかを教わったという思いです。

■経営者として挑戦し解を求めてきたこと

私が経営者として常に挑戦し解を求めてきたのが「どうやって社員のモチベーションを上げ会社の価値を上げるか、どうやって人がビジネスパーソンとして人が活き活きできる環境を作るか」という問いでした。

私は1978年NTT（当時は日本電信電話公社）に入社、約10年の勤務を経てその後主に外資系企業で経営の仕事に携わってきました。

この間約40年、日本経済は一度は世界のひのき舞台に立ち、転落し、再生の道を模索し、クリアな答えのないまま今に至った感があります。

日本で働く多くの人たちは、この大波に翻弄され続け、最初信じていた規範に裏切られ、それでも心情的にそこから抜け切れず、自分で自分の後ろ髪を引きながら、一方では真面目に「変わらなくては！」と呟き続けてきました。

日本人は優秀です。強み弱みはあるものの、ビジネスの舞台で、トータルの力としてレベルの高い人たちが多いことは間違いありません。でも日本国内の人材市場を見る限り、特に最近は企業がその力を十分に引き出し、活用してきたとは到底思えません。

一方でビジネスパーソン側も、会社のやり方をそのまま受け入れるしか手立てがなく、いわばそれを自分への言い訳にして、会社と手を取りながら課題の多い雇用ストラクチャーの一部となってきてしまいました。

優秀な日本人がもっと充実した幸せなビジネスパーソン人生を送り、結果として企業がその力をもっと高めていく、こうなるための雇用関係がどうあるべきかが問われます。

ところが最近になって、私が実感し考えてきた人材の活性化、育成のための道筋を意外な場所で目の当たりにしたのです。それはビジネスの場ではなく、グランドの上でした。

東京大学アメリカンフットボール部（ウォリアーズ）ヘッドコーチの森清之氏（以下敬称略）が同部を強くするために実践していたのです。

■優れたアメリカンフットボール指導者との出会い

ビジネス人生を経て、ひょんなことから2017年冬より、ウォリアーズの支援の仕事を引き受けることになりました。ウォリアーズは東大アメリカンフットボール部のチーム名、「戦士」という意味で私もそのOBのひとりです。

ここで、私が教わり、考えてきた経営哲学をアメリカンフットボールという舞台で、チームを率いて見事に実践している人物がヘッドコーチの森清之です。彼はフットボール界では誰もが知る有名人で、京都大学時代に選手として、そしてコーチとしても日本一を経験、その後社会人リーグ（Xリーグ）でヘッドコーチとして日本一を掴み、5度にわたり全日本のヘッドコーチも歴任した人です。

ウォリアーズは60年以上の歴史を持ち、関東80校の中でも常にトップ10に入る実力を持っていますが、どうしても強くなりきれず、なかなか優勝を狙えるステージに行けませんでした。そこで、これまでの伝統の上にさらに高いレベルのチームになろう、本気で日本一を目指そうという思いで三顧の礼で迎えたのが森でした。森にはプロのコーチとして就任してもらい、その後現役に対する支援チームとして一般社団法人東大ウォリアーズクラブ（以下㈳東大ウォリアーズクラブ）を設立したのです。森の優れた指導力でウォリアーズは2018年度にBIG8（1部下部リーグ）で優勝し、2019年度からTOP8（1部リーグ）に所属しています。

企業と運動部はその位置づけから共通点があります。戦う集団であり、指導する側とされる側の上下関係があり、勝つという同じ目標に向かって一緒に進んでいくチームだというところです。また、結局はプレーをする側（指導される側）が本番でどれだけ自律的に高いパフォーマンスを上げることができるかにその集団の浮沈がかかっているという点も共通です。

本書では、私がビジネスで経験した課題や問題意識に触れながら、森が「現場の経営者」としてウォリアーズ指導の中でどのような回答を出しているのかを掘り下げ、加えて今の日本の大学運動部のあり方、学生の育成方法、そして企業における人材育成・活用について、さまざまな角度から問題提起をしていきたいと思います。

目　次

第1章

勝つイメージを作れ

■ゴールは何か―明確なメッセージの発信

ウォリアーズに新しい指導者を招聘するにあたり、私たちは「勝てば良い」という姿勢の人には来てほしくないと考えていました。

学生スポーツはあくまでも人間教育の場であり、卒業後社会で活躍できる人材を輩出することがウォリアーズの伝統です。そのため部活の安全対策にも高いプライオリティーを置いてきました。

そんな私たちにとって森清之は正に打ってつけの人物でした。彼自身のすばらしい人柄もさることながら、フットボールの魅力を教えつつ人間としても成長させていくという指導スタイルはフットボール界では知れ渡っていました。しかし彼が勝利よりもプロセスを重視するかというと、実は真逆のスタイルだったのです。彼は学生に対し、勝ちにこだわること、執念を持つことを徹底して説いたのです。

■勝利にこだわれ

スポーツの究極のゴールは一定のルールの中で相手に勝利することであり、スポーツをやる以上、勝利に向って本気であらゆる努力をする、その本気の過程ではじめてスポーツの醍醐味を味わうことができる。このプロセスにこそ人間教育があるというのが森の考えです。フットボールを極めた彼なりの確信なのでしょう。

森は「試合に勝つことが俺たちのゴールだ」と明確に部員に伝えます。10対9の勝利でも42対0の勝利でもその価値は同じだと言います。だから「勝ちにつながる練習」をすることを学生に求め、「練習のための練習はするな」と言います。

ある時、屈指の強豪校である法政大学との練習試合後のハドル（フィールド上でチームが集まり作戦などをシェアする場）で森は学生たちにこう言いました。

「今の力で法政に負けるのは仕方がない。失敗をしてしまうのもいい。だけど相手が強いからと言ってひるんでいては、どんなにがんばっても彼らのレベルには到達できないぞ。

まだお前たちは負けて当然と思っていないか？そうではなく『勝ちたい』と本気で思え。そして法政に勝つイメージを自分の中で作れ。そうすることで、勝つためにどんな力が必要か自分で描けるようになるはずだ。

そこで初めて自分が到達すべきレベルのイメージがクリアになる。そして、どんな練習をしてどれだけ強くならなければならないかが分かってくる。それがイメージできたら、自分をそこまで高める練習をしろ。ただ単に『今より向上しよう』というのは《あがき》であって練習ではない」と。

森が伝えようとしているのは単にフィールド上での練習のことだけで

はなく、単なる精神論でもありません。

彼の言う「本気」には、体作り、栄養・食事管理、体調管理、休養の取り方、精神状態の管理、知識・情報の取得などすべての要素が含まれています。

本気で勝とうと思ったら、やみくもに汗を流してがんばるのではなく、計画的、戦略的に練習を組み立てるべきです。時間は限られています。どれだけ効率的に自分を進化させるか、これが勝負となります。それを実現するのが練習です。このことをどれだけ執念深く追えるかで結果が変わってくるというのが森の教えです。

スポーツをやる本当の醍醐味は、本気で勝ちに行くプロセスの中にあります。本気で勝とうと思ったら、現在の自分たちの状況を客観的にアセスするとともに、あらゆる工夫を限られた時間の中でしようとするはずです。いたずらに疲れ果てる練習をやったって勝てません。勝とうと必死に考えるプロセスの中で戦略が生まれ、克己心が育ち、自律的なメンタリティと、互いに高めあうチームワークも生まれます。これこそが

スポーツを通じ人が育成される理由なのでしょう。

■「がんばっている」を見せれば良いのか？

大学に限らず、日本のアマチュアスポーツにはいまだに「倒れるまでの練習」を美化する傾向があります。千本ノックや繰り返しの素振りなど、それ自体否定はしませんが、苦しむことが目的になってしまっていると考えられる練習が数多くあります。

日本のスポーツ文化にはすごく勝ちに執着するところがあります。トーナメント方式が好まれるのもこういった文化的背景があるのかも知れません。

同時に、「勝ち」という結果に強くこだわることの裏返しでしょうか、やみくもに無理をしてがんばり、へとへとになるまで練習をしないと「よくやった」と認められない傾向があります。

これは周囲の目もそうですし、選手自身も自分たちに対する言い訳に使っているところがあります。

元プロ野球選手の桑田真澄さんは、日本の野球界では、特に若年層への指導で故障を誘発させる危険性のある方法がいまだに主流だと従前より警鐘を鳴らしています。

日本の高校野球の選手は痩せすぎている。休養も含めたきちんとした指導がなされていればもっとアスリートらしい体形になるはずとも言っています。最近では元DeNAベイスターズの筒香嘉智選手も同様のメッセージを発信しています。

大リーグに行った日本の一流投手たちが次々と肘の故障を発生させ手術を受けているのも、高校時代の酷使が遠因ではないのかと言われています。

以前、ある高校野球強豪校の指導者の話を聞いたことがあります。
「全国優勝をした年に、暮と正月に練習の休みを入れた。ところが翌年全国大会出場を逃すと今度はこの休養が批判されてしまった」というのです。

何をか言わんやです。

桑田さんは同時に、「どうすれば勝てるか」の指導がなされていないことも指摘しています。
「高校時代、監督や上級生からよく殴られたが、殴られてもひとつもうまくならないのに何で殴られなければならないのかと思った」と言います。

また、これもよく発言されていますが、内野手、たとえば遊撃手がサード寄りのゴロを捕る時、正面で捕りに行くべきか、バックハンドでさばくべきかという質問に対するコメントです。
「どちらでなければならないということはないが、遊撃手の目的はアウトを取ること。正面で捕ることは目的ではないはず。バックハンドが必

要なときはバックハンドが答え」と。

筆者も昔高校野球をやっていましたが、多くの年配野球人がこれを聞けばなるほどとうなるかもしれません。

この話の背景には根強いプロセス主義があります。勝った負けたに執着するあまり、本気で勝ちにいくことを忘れ、負けても批判されない道を選んでしまうという皮肉な結末です。

何がゴールか、何が大切か、一貫した教育を受けていない我ら昭和の野球人は、自分の右にゴロが来ると、瞬間的かつ本能的に、「バックハンドで捕りに行って、もしミスると叱られる。正面から捕りにいけば遅れてセーフになっても『よくやった』ということにしてもらえる」と考えてしまうのではないでしょうか。

■リーダーが示すべきゴール

これと同じ風土が日本の会社の中に根強くあるのを私はいろいろなところで見てきました。スポーツの場面も会社の仕事の場面も、結局はその国の文化を色濃く反映するのでしょう。

働き方改革が叫ばれていますが、まだ実質的な改善を体感している社員は少ないのではないでしょうか？

さすがに千本ノックの風土は少なくなってきていますが、何のために仕事をしているのか、どこまでやれば良いのか、仕事の内容やゴールそのものについて混乱している会社が多く、結局これが原因となって長時間労働が直らず常態化してしまうわけです。

働き方の前にこの部分を改善しなければ結局ワークライフバランスも絵に描いた餅になります。

現場レベルでどう改善すべきかについては後程お話しますが、まず必要なのは、おおもとである経営レベルが会社のゴールやそこに向かっていく道程をきちんと示すことです。

これが「働き方」に総称されている会社の現場の問題を解決する出発点です。

成長は会社の宿命で、どの会社にも成長を果たすための事業計画があるはずです。それがブレークダウンされていて、それぞれの部署でのゴールがそこの社員にシェアされていて、最後はひとりひとりのアサイメントがはっきりしている状態になればしめたものです。

しかしそうでない会社が多いのです。〈いつまでにどんな姿になろうとしているか〉おそらく経営者はこれを明確に持っていると主張するでしょう。しかし、正直なところ、その計画の立て方には不十分な、中には稚拙な内容のものが多いのが現実です。

一定の形になっていたとしても、これまでの経験と勘を頼りに「エイヤッ！」で決めているケースをよく見かけます。本当の本気でビジネスのゴールを目指すのであれば、限られた時間でどうやってそこに行くかを考えるはずです。

そのゴールではどんなビジネスが展開されているか？

そのビジネス展開に必要なリソースは何か？

技術か？

人材か？

資金か？

次に、ひるがえって今手元にリソースはどれだけあるかを考える。

リソースの取得とその配分は経営者が最も責任を持たなければならない仕事です。

また、いつまでにそこに行こうとしている計画なのか？

時間は？

時間はこの世で最も限られたリソースです。ゴールに行くための時間を限った時、それによっても必要な他のリソースの種類や量は変わってきます。

そして、それらは手に入るのか？

リソースの availability（取得の可能性）とその配分に裏打ちされていない計画は計画とは言えません。

結果、現場の社員の汗と時間外労働に頼ることになってしまいます。

そして追い詰められた社員は「一生懸命やっている」ことをアピールすることで身を守ろうとしてしまうでしょう。それはランナーをアウトにするためにではなく、怒られないために体勢や状況に関係なく正面で捕球することを選ぶのと似ています。

優れた経営者は納得感のある範囲で最も背伸びをしたゴールを作り、それを最も効率的に達成しようと全力を傾けます。

そのプロセスを経験した社員も同時に成長し、その市場価値も高まり、社員の総和としての企業価値も高まります。

経営者と社員がヘトヘトになるまで働くことは、本当はどの関係者も望んではいません。

一方で事業計画は必ずしも計画どおり進むとは限りません。むしろ修正する場合の方が多いでしょう。でも最初の計画が実質のあるものであるならば、修正しなければならない理由も明確に認められ、修正の方向も自ずとわかるものです。

最初にいい加減な計画しか持たず、案の定これではだめだと気づき、あわてて変更しようとする。でも何から始めて何をどう変更するのか、この時点ではますますわからず、カオスになり、働き方改革どころではなくなるというのがオチです。

■最初に着手したこと

一流チームの指導者を歴任してきただけに、森はウォリアーズに来てまずはチームの甘い心構えを徹底的に直そうとするのだろうと皆身構えていました。

その指導の厳しさは漏れ聞こえてきていました。

ところが彼が最初に着手したのは心技体のうち、心ではなく体と技、その中でも特に体だったのです。

このメッセージは最初の２年間は徹底して発信されました。

そして、今もチームのフィロソフィーのベースとなっています。

スポーツ選手はよく「気持ちでがんばる」と言います。でもスポーツの基本である体と技がなければ、いくら精神論を言っても強い相手には絶対勝てません。

森は「スポーツに必要な『心』とは、自分が今持つ能力を試合で最大限に発揮できる精神力だ」と考えます。

体と技がそろっていないのに「勝とう！」と言っても森のスタンダードで言えばそれは本気で勝とうというメッセージにはなっていないということなのです。
「ウォリアーズに必要なのは心技体ではなく体技心だ」と森は何度も何度も繰り返しました。
次章では森という指導者を得たウォリアーズが、どのように体作りの環境を整えていったのかをご紹介します。

■Comment

楊　暁達さん

2018年度主将／C（センター）

2017年度からウォリアーズが新体制となり、三沢英生さんが監督に、森清之さんがヘッドコーチに就任されました。私が3年生になった時です。
新しい指導者がどうやってウォリアーズを強くしようとしているのか、どんな考え方が示されるのか、皆興味津々で待っていました。しかし最初に出てきたのは意外な言葉でした。
それは「フットボールを通じた人間の成長」だったのです。
「フットボールの技術が多少上手かろうが運動神経が良かろうが卒業後のはるかに長い人生においてそれは役には立たない。そんな事のために貴重な学生生活を費やすのではない。人間として成長するためにフットボールをやるのだ。そしてその『成長』とはこの先10年20年たった後に実感するであろう、『成ってみて』初めて分かるものだ」

しかし、話の核心は次の言葉にありました。

「でも、この『成長』は、フットボールで本気で勝利・日本一を目指す中ではじめて得られるものだ。だからこそこの4年間は皆本気でやるんだ」というメッセージだったのです。

私自身は、お二人の淡々とした語り口とその悟性に不思議な説得力を感じたのを覚えています。

新体制の2年目、2018年度シーズンに私は4年生で主将となり、ウォリアーズの学生たちをひとつにまとめていく役割になりました。どうすれば全員が本気で勝つことを考えるチームになれるか、最初のころは答えを見つけるのに苦労しました。「成長」が一番大切なことは分かっていても、学生たちは「成長のために日本一を目指して練習する！」なんて都合良く思うはずがありません。しかも、練習で手応えを得たところで、まだ当時BIG8（1部下位リーグ）にいた私たちには実質的な日本一は叶わないのです。学生が心から「日本一になりたい」と思えるようなモチベーションを作ることがどうしても必要でした。

どうすれば良いのか、どうやって本気で日本一を獲ると思えるようなチームにして、それを後輩たちにも伝えていくべきなのか、私は森さんと話し合いました。

森さんからのメッセージはとてもクリアでした。

「小さなことからで良い。前まで出来なかったプレーができるようになった。ウエイトが上がった。理解が深くなった。そんなことを大事にして積み上げていくところから始めよう」

「こういった小さな進歩はそれ自体単純に楽しいことのはずだ。そんなことを自発的に、自立的に繰り返す。そして少しでもレベルが上がったことを感じる。これをずっと続け、このサイクルを自分で律することのできるチームにしよう」

これらはとても現実的でしかも実際に強くなっていく道程がイメージできる言葉でした。私はこの意識をチームメンバー、そして後輩たちに持たせていくことが4年生の使命であると感じました。

そして森さんの言葉通り、選手もスタッフも成長してチームの水準が上がっていく過程を目の当たりにし、それを身をもって感じたのです。ひとつひとつは小さなことだったかも知れないが、少し上手になった喜びを頼りに進んでいけば、気がつくと前とは全く違う自分に「成っていた」、特に下級生たちの多くがそう感じることができたお陰でTOP8へのリーグ昇格があったと思います。

私たちはそれまで頭を使いすぎていたのかもしれません。大事なのは「未知」の領域にあまり考えずに勇気を持って突っ込んでいくこと、これを森さんが教えてくれた気がします。取り組みの過程は合理的に考えるべきだが、とにかく初めの一歩で「未知」に踏み出す勇気と気概が大切なのだと。

この3年間の新しい動きは、ウォリアーズにとってまだほんの始まり

TOP8昇格を決め観客に挨拶

だと思います。４年間でメンバーが入れ替わる大学スポーツの宿命の中でどうやってこの文化を根づかせていくか、まだまだチャレンジがあります。でもこのフィロソフィーを大事に持ち続けていけば、卒業何十年か後に「成長していた自分」を発見するウォリアーズ OBOG がたくさん出てくるに違いないと、今は心から信じています。

第2章

「心技体」ではなく「体技心」

■ウォリアーズの強み

「ウォリアーズに必要なのは心技体ではなく体技心だ」とヘッドコーチに就任した森清之は何度も何度も繰り返しました。

ウォリアーズは素人集団です。他の強豪校の経験者、特にスポーツ推薦で入学してくるような一流選手に比べればスタートラインが違います。まずはこのハンデを短期間に埋めないと相手にすらならないのです。

各種スポーツ用品、スポーツサプリメントの製造・販売を手がける㈱ドームの力強い支援も得て、ウォリアーズは体作りの環境構築に全力で取り掛かりました。

森が考える東大の強みはいくつかありますが、彼が最も大きいと考えるのが学生の自律の能力です。子供のころから受験を乗り越え結果を出してきたのは、各々が目標に向かい自分の行動を律する力が強いからだという分析です。

また東大生の特性として、自分の頭で一度ロジカルに納得できた時、

目標に向かう持続力があることも強みだと考えました。この自律心に訴え、まずは東大の最大のハンデである「体」の差を最大限効率的に縮めようとしたわけです。

選手には一流のトレーニングコーチが付き、一流の施設での体作りが始まりました。各選手個別のメニューが与えられその進捗が週ごとに管理されます。コーチからは筋力トレーニングの意味と効果が説明され、そして科学的な裏づけのある目標値が示されます。スポーツ栄養士からは体力作りのための食事内容について詳細なインストラクションがあり、個々の食事内容も報告が義務づけられ管理されます。

これらの活動をベースで支えるのがスポーツドクターと学生を中心としたトレーナーチームによる専門的なサポートです。ケガの防止活動とともに、万が一ケガをした後のリハビリ計画も明示し選手と相談しながら進めるようになりました。活動は実を結び、選手の体は見る見る厚く、太くなっていきました。しかしこれだけではまだ一流チームには追いつけません。大きくなった体をフットボールの場面でどうやって自由自在に動かすか、“agility”（敏捷性）のトレーニングにも力を入れ、これにも専門のトレーナーが当たっています。選手たちはそれこそ「吐きながら食べる」くらいの意気込みでこの体作りに励んでいますが、これら一連の活動やその結果はすべてロジックと数値で表されるため、これが拠り所であり励みとなっています。

この一連のコミュニケーションを通じて、森は学生に自分たちの強みを自覚しろと教えてきたと思います。そして同時にその強みを最大限に活かし相手に勝る（差別化する）術も教えています。

よく、「フットボールは頭を使うスポーツだから東大に向いている。だから東大も強くなった」という声を聞きます。確かに一流のフットボール選手には情報管理力、分析力、理解力、記憶力が要求され、チームプレーでの個々の役割と全体ストラクチャーの理解にも長けていなければなりません。しかし、強豪校の一流プレーヤーは6年、長い選手は10年もフットボールを経験して大学に来ます。彼らの頭の中はすでにフットボール用に出来ているといっても過言でないほど、知識、理解、瞬間的判断に優れています。これを短期間の猛勉強で追いつこうとしても容易ではありません。ここで森はアメリカンフットボール部全体のチームワークを使いその差を埋めようとしています。

ウォリアーズには2019年度のシーズンで190名の部員が在籍していました。その内訳は選手140名、サポート部隊50名です。この50名のうち17名をSA（Student Assistant）と呼ばれる戦略・作戦担当に当てました。彼ら自身も多くは高校までは未経験者ですが、連日数時間に及ぶ分析作業やミーティングを通じ、森の薫陶を受けながら急速に成長し、今やヘッドコーチを支えるチームの頭脳として機能するようになりました。

SAを束ねる2名のキーポジション、オフェンスコーディネーター（Offensive Coordinator）、ディフェンス・コーディネーター（Defensive

Coordinator）も学生が務めました。ここでも森は東大生の気質や強みを掴み最大限に発揮させています。SA の仕事は、情報の理解力や分析力もさることながら、長時間の画像分析の積み上げや相手チームのスカウティングなど、労力と胆力が必要とされる仕事です。そして他方では試合になると秒単位での判断で最適解を選び選手に指示を出す冷静さが求められることになります。森はSA も含めてサポートチームを見事にオーガナイズし、チーム全体に血脈が流れる部隊を作りました。

強いチームになるために何が必要なのか？必要なものはたくさんあり、もちろんすべてを揃える努力は続ける。でも単に今より強くなることは本当のゴールではない。

スポーツチームのゴールは「相手を倒すこと」なのだから、ウォリアーズとしての特徴を出し、強みを活かし、まずはトータルで相手を少しでも上回ることにより勝ちを狙う。ウォリアーズは多くのハンデを背負いながら強豪校に立ち向かう。もしわれわれが相手を上回れるとすればそれは総合力のはずだ。

でも肝心の「体」がなければすべての土台は崩れ、総合力を発揮するどころではなくなる。

これが森のフィロソフィーであり、彼はそれを学生たちの指導の中で身をもって教えています。

■スターバックスの強み

企業がブランドを形成し成長をしていこうとするとき、競合との関係においていかに自分の強みを理解し、大事にし、それを高めようとするかがとても大切な要素となります。まさに経営者が経営者としての機能を果たす上での関門のような部分だと思います。

前述のように、ハワード・シュルツとの出会いは私のビジネスパーソン人生に大きなインパクトを与えました。

彼にはたくさんの教えを受けましたが、その中でも自分のブランド、強みに対する深い理解とそのコミュニケーション、そしてその価値を守ろうとする強い意志は今でも私の体にしみこんでいます。

ハワード・シュルツはコーヒー豆の専門店だったスターバックスを買収し、カフェチェーンのリーディングカンパニーに育て上げました。現在のスターバックスの創始者です。彼はスターバックスの価値は何なのか、それをどうやってお客様に伝えるのかについて、明確で分かりやすいコンセプトにして何度も何度も会社の内外で発信しています。

スターバックスの店舗に入るとコーヒーの良い香りが体を包む。こんにちは！の声と一緒にBGMの粋なジャズの音色が耳に入ります。シュッというスチーマーの音、店員の笑顔、この空間を味合うことこそが顧客にとってのスターバックスの価値なのです。

ハワードはこれを「スターバックス体験（Starbucks Experience）」と名づけ、これがスターバックスの価値、スターバックスが顧客に提供する商品の中核だと説きます。同時にハワードは「スターバックスは顧客にとってのサードプレイス（Third Place）になるのだ」と教えます。

ファーストプレイスは自分の家。セカンドプレイスが社会で自分が属している場所。学校だったり会社だったり。そしてスターバックスは顧客にとって３番目の場所。ホッとした気持ちになって自分を取り戻せる場所、それがスターバックスであり、顧客価値なのです。テイクアウトされたカップにも顧客はこのイメージをダブらせているはずです。

顧客にとっての価値であるこの空間は、すべて店舗の社員が演出します。舞台装置はあるけれど、この空間の雰囲気は「人」がいて初めて演出できるものなのです。

ハワードのもうひとつの言葉に、One cup at a time, one customer at a time（１杯ずつ、お１人ずつ）というフレーズがあります。

これは、スターバックスがどうやってそのブランド価値を築き上げていくかのプロセスを表現しています。顧客がお店に来てくれたその機会に、1杯のコーヒーを提供するその瞬間に顧客はスターバックスの価値に触れる。これを積み重ねて初めてブランドが確立する。1回でもがっかりすることがあればあっという間に崩れてしまいます。

「だからスターバックスはコーヒービジネスではなくピープルビジネスなんだ」という信念をハワードは持っています。

ただ、社員がこのブランドの価値を信じプライドを持っていない限り、こんな顧客価値を何千店舗のオペレーションで維持することはできません。そのために彼はこのスターバックスの価値を何度も繰り返して社員に伝えると同時に、社員と経営との信頼関係を高めるための努力を惜しみませんでした。

今でもスターバックスの店舗に行くととても良い空気が維持されています。店員の笑顔、顧客との会話。スターバックスOBとしてうれしいことです。

きっと社員と経営の間の信頼関係が維持され、お店で働く人たちにも反映し、それが良い空気を作っているのだと思います。

■ハワード・シュルツのフィロソフィー

ハワードの顧客価値への思い入れを示すのがノースモーキングのポリシーです。

スターバックスがアメリカでチェーン展開を始めたのが1980年代後半で、アメリカといえどもまだ禁煙がスタンダードではない時代でした。でも彼は頑なにこれを貫きます。彼の信じるサードプレイスの価値が喫煙により台なしになると考えたからです。このポリシーのために、1996年の日本進出のときにはちょっとした事件があったようです。銀座松屋店が第1号でした。まだ私が参画する前のことです。

当時日本にはまだ根強い喫茶店文化があり、喫茶店は全国に3万店舗以上ありました。おそらくほとんどすべてが喫煙可だったと思われます。当時の喫煙率は男性で50%、女性で15%ありました。言わば世の中は「喫茶店とはタバコを一服するところ」との認識だったわけです。

スターバックス第1号店を出す時にもかなりの議論になったそうです。いかにスターバックスと言ってもタバコが吸えないと客は来ないの

ではと懸念されました。結論として２階を喫煙、１階を禁煙の分煙という妥協案にしました。

これはハワードには内緒で進めたため、オープニングセレモニーのため来日したハワードは激怒します。そこを何とかなだめてオープンしたのですが、２階で喫煙が始まるとその臭いや煙が下に降りてきてコーヒーの香りを消してしまいます。そして消えたのは香りだけでなく、スターバックスの空気そのものだったのです。この後この店舗は時間をかけて禁煙とし、その後全店舗禁煙となり今日に至っています。

私自身、この逸話は日本の創業メンバーやハワード自身からも何度も聞かされました。それほどスターバックスの価値を考える上で大きな出来事だったのです。

Comment

有馬　真人さん

2017年度～2020年度
ディフェンス・コーディネーター（Defensive Coordinator）

森さんがヘッドコーチに就任する前からウォリアーズの学生たちは少しでも強くなろうと必死でがんばっていましたし、森さんもそのことは高く評価してくれていたと思います。

そんな私たちの努力が報われるものとするための答えを森さんがくれました。それは「勝利に必要な要素を理解し、他のチームとの差を分析し、それを４年間という短いスパンの中で埋めるための具体的な方法を考え出し、高い水準でそれにコミットしていく姿勢」です。ただし、森さんに言わせれば、こんなことは強いチームはどこだってやっているということになります。だからこそ、このプロセスをどれだけのレベルで突き詰めていくことができるかが一流のチームかどうかの分かれ目になります。「平凡なことをいかに非凡に積み重ねることができるか」、これが森さんの一番の教えです。

フィジカル強化も以前から部全体で力を入れてきました。しかし森さんが求めたのは「日本一になるためのフィジカルのレベルを目指す」ことでした。単に今までより強くなれば良いというのではありません。

日本一になるためのレベルを意識して、それに向かうためのトレーニング計画を立て、着実にそれに向かっていく。この意識を継続することは簡単ではありませんでした。でも、この期間内に何kgのウエイトが上がるようになった、体重が何kgになったなど、具体的な数値に落とし込んでいくことで、学生たちは相手との力関係をより正確にイメージできるようになり、4年間で追いつけるかもしれないという実感も得られるようになってきたのです。成果としても昔の3・4年生が上げていたウエイトを今や1年生が上げ始め、体重もポジションによっては平均で10～15kgほど増えてきました。

こういう意識の持ち方は、フィジカルトレーニングだけでなく、日々の練習や技術の向上、戦術・戦略作りの中にも浸透していきます。

こうして具体的な違いを日々感じるようになってきたものの、「でも僕たち東大が本当にそんなに強くなれるんだろうか」という思いは続きます。フットボール経験やフィジカルな基礎能力､練習に費やせる時間､どれを取っても強豪校に比べハンディキャップを持っているからです。

森さんはこういった私たちの気持ちを理解した上で私たちにこう言います。

「東大生の最大の強みは、受験で日本一高い水準に挑み、成功体験を得ていることだ。受験の時のことをよく思い出してほしい。時間を有効に使って、ひとつひとつの参考書や授業を中途半端にすることなく仕上げ切っていたはず。それを積み重ね知識を身につけることで受験という分野で日本一にたどり着いたはずだ。その成功体験は必ずアメリカンフットボールに応用できる。そうすれば『日本一質の高い練習』も実現できる」

言葉だけでなく、森さんはこのプロセスを自ら示してくれました。当初、「日本一に」と言葉では言うものの私たちにはそれがどんなレベルか実感することができなかったのですが、これに対し森さんが示したのはとても地道でかつ徹底した分析と思考のプロセスでした。練習や試合のビデオは以前からしっかり撮る習慣となっていましたが、森さんは我々コーチやSAと一緒に20秒にも満たないひとつの動画を10分、20分かけて反省していくという徹底ぶりでコミュニケーションを重ね、スキルのひとつひとつの動作、作戦における11人それぞれの正確な位置や動き、細かなルールなどフットボールの様々な要素を理解させ、そのディティールを選手たちに伝播させていったのです。これ

により、まだ発展途上ではあるものの、チームのスタンダードは飛躍的に向上してきました。

私自身、毎日のミーティングを通して「日本一のコーチ」の下で「日本一の水準」を肌で感じることができたこの経験が、自分の最大の財産だと思っています。他の大学が普通にやっていることに普通じゃないレベルで取り組む、つまり「平凡なことを非凡に積み重ねる」ことで、普通に考えたら不可能な「東大がスポーツで日本一」という目標に挑む。これを目指すプロセスを経験できることがウォリアーズのカルチャーであり一番の魅力だと思います。

第3章

法人の設立

■何が起きていたか

きっかけはOBOG会の一部リーダーからの呼びかけでした。

60年の歴史のあるウォリアーズを本当に日本一が狙える強豪にしよう、そのためには優秀なプロの指導者と契約し、その給与や、日本一になるための活動環境作りに投資できる資金調達力をつけていこう、という内容でした。

そのための初期資金として、OBOG会の有志が集まりかなりの金額を集めることができたためこの動きは始まり、森ヘッドコーチも就任し新しい体制がスタートしたのです。ところが、新しい体制がスタートしたこの段階では、これを将来的に、恒常的に支えていく財政的な計画や、運用のための仕組みがまだできていなかったのです。

ちょうどその頃、私が一時期セミリタイアし、次の仕事を探していたタイミングだったこともあり、先輩から「新体制の設計図書きを手伝ってくれ」と声がかかったのが足を踏み入れたきっかけでした。私自身40年間フットボールの現場から離れ、OBOG会との関わりもあまりなく、この新しい動きの詳細も知らなかったので、「設計図書きだけの手伝い」のつもりで飛び込んだのです。

しかし、入ってみると想像以上にきびしい状況であることに気づきました。体制立ち上げのための初期の資金はかなり集まっていたものの、早晩これが底をつくことは明らかでした。「今後これだけの金額を集めていけば新体制は成り立つ」という話で進んでいても、実際に「これだけの金額」をどう集めるか、計画はないに等しい状況でした。

設計図を作る使命で飛び込んだ私でしたが正直、真っ青、というより目の前が真っ暗になったのを覚えています。

なぜこんな状況になってしまっているのか？

声を最初に挙げたリーダーたちは、もちろん本気でウォリアーズを強くしようという考えですし、そのためのリーダーシップも示していました。ビジョンを示し、OBOG 会に協力を訴え、組織としての了解を得て新しい体制に踏み込んだはずでした。

一方、すでに1,000名を超えているOBOG会の会員たちも、このビジョンや新しい動きに対して全体としてはウェルカムでした。ただ、このプロセスの中に、良くも悪くもOBOG会の特質が色濃く出てしまっていたのです。

大学により多少の差はあっても、日本の大学運動部のOBOG会というのは独特の成り立ちや文化を持っています。会員の情熱のレベルは高く、いざとなったらひとつになって協力する力は強いものがあります。しかしあくまで「任意団体」であって、ルールはしたためてはいるものの、意思決定プロセスやそれを実行する責任の所在は必ずしも明確に共有されていないのが実態です。

東大アメリカンフットボール部のOBOG会も、基本は皆のgoodwill（善意）で維持されています。それだからこそ60年間、OBOGであるというだけで信頼関係を維持しひとつの団体として存在し、今や1,000名を超える集団となっているのです。これはすばらしいことです。OBOG会が現役の学生の活動を支えるために必要な存在であることに疑いはありません。

しかし一方で、痛みを伴う改革や投資が必要な新しい活動を始めようとするとき、その意思決定、実行のためのリーダーシップが機能しなくなり、求心力、推進力がどこかに行ってしまうリスクを孕んでいます。

事実、東大アメリカンフットボール部OBOG会の場合でも、新体制作りの考えや、その基盤をOBOGの寄付で集めるという話は議題として総会に示され、その場では誰も反対する人はいませんでした。しかし実際のところは、その実現にコミットした人も誰もいなかったというのが現実でした。

決してOBOG会員が逃げているというのではありません。彼らからしてみるとこんなに大きな意思決定を今まで「OBOG会として」行った経験もなく、「なんとなく」「いつもと同じように」OBOG会リーダーの発信に「反対はない」態度となっていたと思います。あるいは、OBOG会リーダーの発信する内容は「いずれリーダー達がやってくれるものなのだろう」という意識だったかもしれません。

一方で、リーダーの側も「皆からの支持は得た」と考え、具体的に計画を推進するところまで踏み込んでいなかったことも事実です。

結果、私が参加した時点（2018年1月）では、すでに新体制が作られ動き初めている一方で、それを恒常的に支える仕組みが作られていない、というよりは、まだ誰も具体的に考えていなかったという状態だったのです。

笑い話ですが、ちょうどそのころカラオケに行き谷村新司さんの「昴（すばる）」を耳にし、「何だ、俺のことじゃないか！」と苦笑いしたことがあります。

♬　目を閉じて　何も見えず
　哀しくて　目を開ければ
　荒野に向かう道より
　他に見えるものはなし　♪

考えれば考えるほど絶望的な気持ちでしたが、それでも何とか持ちこたえられたのには2つ理由があります。

ひとつは、この構想のすばらしさです。森清之という稀代の名指導者を迎え、ウォリアーズが本気で日本一を目指し、その中で学生を人間として成長させていく。そのためには資金も必要だが、これまでの大学運動部の殻を破り、社会とコミュニケーションすることでこれをトライしていく。私自身、これが実現できたらどんなにすばらしいだろうと感じました。

もうひとつは、一緒にこの仕事を始めた仲間たちです。

森と付き合えば付き合うほど、この人を指導者として迎え入れることができたのはウォリアーズとして千載一遇のチャンスであり、このチャンスを逃してはいけないという思いが増幅していました。

また、監督となった三沢英生（ウォリアーズ1995卒／元㈱ドーム取締役常務執行役員／現在㈱キャピタルメディカ執行役員）の大学スポーツ発展のためのビジョン、チーム強化への情熱には私自身ほだされ、㈱ドームの持つ様々な先進的ノウハウにも心から感銘を受けました。

もうひとり、小笹和洋（ウォリアーズ2000年卒／元㈱ドーム／現在㈱ウカ（uka）COO）も、忙しい本業をこなしながら、法人の立ち上げとその後の事業推進を献身的にサポートしてくれました。

また、そうこうするうち、こういった厳しい状況を知ったOBOG会の友人たちも次々と支持・支援を表明してくれるようになり、この仲間

たちのフットボール愛、ウォリアーズ愛が私の気持ちを高め、背中を押してくれたのです。

ところで、「昴」も後半になると前向きの歌詞が登場します。

♫　♪　我も行く心の命ずるままに、、、
ああいつの日か誰かがこの道を、、　♬

私もこれから先がんばらなければと心に決めました。

それまでの経営での経験からも、こういう絶望的な状況の時は、むしろ居直って、視野を広げ、落ち着いて「あるべき論」から入り、それが可能かどうか考え、可能でないならどうやって可能にするか徹底的に追求するか、どうしても可能でないという結論ならあきらめてしまうしかない、とにかく基本の心でやってみようという心境になったのです。

■母体を作らなければ

まずフォーカスしたのは、ウォリアーズの支援のためには、とにかくどんな形であれ、自らの意思を持ち、その意思を実現するための計画と、それを全うする責任を取る「母体」を作らなければならないということでした。

新体制を運営するためには、これまでの活動費の3倍近い資金を集めなければなりません。従来の財源は学生からの部費が大半で、これにOBOG会費からの寄付を加えていました。しかし、これから先はOBOG会の有志からの定常的な寄付を増やすことはもちろん、これまでウォリアーズがほとんど経験したことのない企業からの協賛も募っていかねばなりませんでした。

またもうひとつ、これは寄付をもらう相手ではないのですが、部の活動を拡大するうえで外せないのが大学当局とのコミュニケーションです。

大学からいろいろな形での協力やサポートが必要になります。それまで主に学生レベルで大学との付き合いはありましたが、「部」として、あるいはその支援部隊としては大学とは正式に付き合っていないに等しい状況でした。これも突っ込んでいって、開拓しなければならない領域です。

つまり、内向きに終始するのではなく、外に向かっていくことが喫緊の課題でした。

でも、外に向かった時、相手は必ず「あなたは誰？」と聞いてくる。それに対して「私はコレコレです」と説明のできる、実体のある「母体」、自分の意思を持ち責任を取る準備のある entity（実体）を作らなければならないと考えたのです。

同時に、扱う金額や活動の大きさ、影響力から言って「法人格」を持つ母体を作らなければだめだ、そうしないと契約の当事者にもなれない、信用を得るためのガバナンスを維持することもできないと考えるに至りました。

さらに、もっと重要な課題がありました。この「母体」が社会に認められ、目的どおりのパフォーマンスを出すためには、この「母体」を責任持って動かしている、顔と名前が明確な人物が必要になるということです。そうしないと社会においてはこの「母体」の信用も得られない。

そこで、私自身が責任者として入ることでこの法人を機能させようと覚悟を決めました。最初は短期間で設計図を描くだけと思い飛び込んだ仕事でしたが、いつの間にか「ミイラ取りがミイラ」になった気持ちでした。

でも、正直なところ、私自身はこの出会いに感謝しています。40年間ビジネスパーソンとしていろいろな経験を積み、それをこんな形で若者に還元する機会を与えられた、むしろもう一度人間として自己実現を追求するチャンスをもらったという思いです。もしセミリタイアした時に、それまでの自分にしがみつき、それまでの延長線上で活動を続けていたら、それこそひからびたミイラになっていたかもしれません。

設立当初から1年半は、厳しい財政状況もあり、私自身はほぼ100％の勤務ながら無給で業務を続けました。いわゆる手弁当でした。しかし昨年（2019年）の夏、あるOBからの強力な支援があり、私にも給与が支給されるようになりました。理事にも勤務状況に応じた給与を支払うことがルール化されたのです。これは法人が未来にわたって健全に支援業務を続けていくために非常に重要なステップでした。

アマチュアスポーツへの支援は、日本ではともすると一部の人の献身によって維持され、それが美徳とされる文化すらあります。しかし、アマチュアスポーツを推進していく上で、資金調達力や組織運営ノウハウが必要なことは間違いなく、特に教育も兼ねた学生スポーツにおいては相応の経験と知識を持った「大人」がそのサポートをする必要があり、これを恒常的に維持するためには、こういった「大人」の人たちに対して相応の報酬が支払われることがとても大事です。もちろん、運営を請け負った側は自分の報酬も含めた資金調達力を発揮することが前提になりますが。

ちなみに、㈳東大ウォリアーズクラブでは、昨年7月より、それまでのパートタイムの社員に加えて、法人として初めてフルタイムの職員（岩田真弥）を1名雇い、給与を支払い、彼を事業推進の中心に据えています。岩田は前職ではBリーグ「千葉ジェッツふなばし」の集客の責任者をしており、また彼自身高校生の時からフットボーラーであり、アメリカのワシントン州立大学でスポーツマネジメントを学んできたという人物です。

さて、とにかく「法人」のコンセプトまでたどり着き、あとは多少失敗しながらでも前に向かって全力で進むというフェーズに入りました。私の師匠である原田泳幸の言葉に「マネジメントは実行力。決定する前に実行せよ」という扇動的なフレーズがあります。まるでこれを地で行くような数か月間でした。

法人体制の根幹として、まずは3つの要素に絞って考えました。

・これまでのウォリアーズのサポーターであるOBOG会、ファミリークラブ（父母会）、地域の人たちの力をどう結集させるか

・資金調達力をどうつけるか

・サポート活動、部活動の全体のガバナンスをどう確立するか

これをもとに外部の経験者からも学び、関係者で何度も議論し、考え抜き、たどり着いた結論が現在の法人という形でした。

■法人の体制

図1　法人による支援体制

理事会
◆人数　理事3名、監事2名
◆任期　2年
◆主な責任と権限
・事業計画の策定と実行
・ガバナンスの徹底

代議員会（＝社員総会）
◆人数　17名
OBOG会代表　14名
ファミリークラブ代表　2名
ファンクラブ代表　1名
◆任期　2年
◆主な責任と権限
・理事の任免、監督の任免
・事業計画、予算決算の承認
・理事会の活動状況の監督

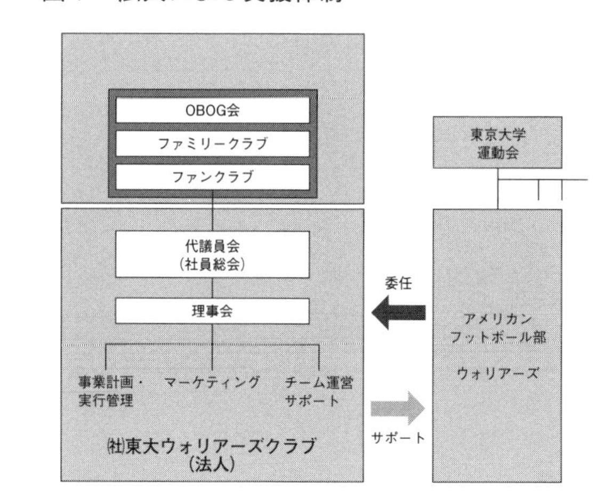

法人体制の要点は以下の通りです。(図1参照)

＊アメリカンフットボール部の位置づけは変えない

東大アメリカンフットボール部の位置づけは以前と全く変わりません。すでに㈶東京大学運動会に所属しており、また後の章でも述べますが、大学の運動部はどこも任意団体の位置づけです。ウォリアーズだけ他の運動部と違う特別な位置づけにすることは不可能と判断しました。

＊支援団体としての法人の設立

これまでのサポーターであるOBOG会、ファミリークラブ、地域のファンクラブが結集する形で、支援団体として法人格のある一般社団法人を設立しました。法人となることの大きな利点は外部との契約主体になれることです。これは資金調達の上でもプラスになります。また活動や組織、収支報告等について法的要件があることからガバナンスの徹底を図ることができるようになります。

＊ウォリアーズから法人への業務委任

法人がウォリアーズの支援活動をすることの正当性を担保するために、両者を委任・受任の関係としました。具体的には、ウォリアーズの部長（東大工学部教授）と法人代表者の間で契約を結び、部活動における資金計画の策定と実行、経理関連業務、監督（GM）の任免、コミュニケーション業務など、練習や試合の企画・運営を除くすべての業務を法人が請け負うようになっています。

＊法人のガバナンス

法人の社員は17名とし、OBOG会から14名、ファミリークラブから2名、ファンクラブから1名がそれぞれ選ばれ、これら社員は法人の執行役である理事（3名）の活動を管理監督します。

これらの中でも特に工夫をしたポイントが、「社員（代議員）の選抜方法」と「委任関係」の部分です。

法人の「社員」というのは株式会社で言えば「株主＋取締役」に近い役割を持っており、これに対して法人の理事は企業の「執行役員」に相当する位置づけです。つまり日々の活動は理事／理事会がかなり自由度を持って展開しますが、これを管理監督及び支援するのが社員／社員総会となります。

したがって理事には、現場の課題をよく理解し、その活動を支援していくマインドが求められます。一方、社員は活動上のガバナンスに気を配りながらも、理事の活動を過剰に縛ったり、権威主義に陥ったりしないことが必要となります。言い換えれば、理事会も社員総会もどちらの方向にも暴走してはならないわけで、両者が良識を保って「学生のため」というミッションを守り続けることがこの体制成功のカギになります。

これを実現するための仕組みとして「間接民主主義」のコンセプトを入れました。社団法人の社員には通常、関係者の中でも影響力のある人が就くことが多く、ウォリアーズのような場合ならばOBOG会の幹部がそのまま法人の社員となることが通常です。しかしそれではこれまでのOBOG会を中心としたサポート体制と変わりません。そこで、法人の自由度や自律性を高め、より柔軟な発想で現場サポートに集中できるようにするため、2つの要素を入れました。

ひとつはOBOG会代表だけでなく、ファミリークラブとファンクラブの代表を社員に入れたことです。OBOG会が14名、ファミリークラブが2名、ファンクラブが1名とOBOG会がマジョリティであることに変わりありませんが、様々なグループの代表で構成することにより、広い視点の発想ができたり、抑制均衡が利いたりという効用を期待しました。

ふたつ目は、それぞれの母体から任期のある「代議員」の形で選抜された人たちが社員の役を担うようにしたことです。これにより一部の人たちだけに長く権限が集中することを避けるようにしました。ちなみにOBOG会、ファミリークラブ、ファンクラブを合わせると1,300名以上の集団です。これらの人たちが母体として社員の行動も見ているという構図になります。またOBOG会からの社員の選抜は、OBOG会との申し合わせにより、14名がなるべく年代別に分布するよう工夫しました。

もうひとつ工夫したのが「部から法人への委任関係」です。後の章で詳しく述べますが、日本の大学では運動部はあくまで任意団体で、「学生がやりたくてやっている」という建前であり、これまで法人を設置したところでも、その法人がなぜサポートするのかについてはあまりクリアになっておらず、その正当性も見えません。

一方で日本では多くの大学運動部がOBOG会を最大の支援母体としていますが、運動部にもOBOG会にも法人格がなく、両者の関係もルールとして明確になっておらず、結果として混乱やガバナンスの問題を生んだりしてきました。言うなれば、学生を支援している大人の側に社会としての仕組みが導入されていないのが課題なのです。大人の側が何かで揉めると、学生にそのまましわ寄せがいくことになります。そこで、今回の法人設立にあたり、この部分をクリアにしようと両者（部と法人）の間で業務サポートの委任契約を結ぶことにしたのです。

私たちも実際のところ、今回の体制変革において学生を巻き込んでの議論はしておらず、やはり大人主導で進めたことは事実です。しかし、今後、要所々々で大人が居住まいを正し、自分たちの「拠って立つところ」を自覚するようにこの契約を結んだのです。その根源は「学生の支援をすることがこの組織の役割」という考えです。

■うれしい出会い

こうして法人の設立、運営の努力をコツコツと積み重ねる中で、うれしい出会いがありました。ある税理士の方が、私たちの思いに賛同し、自ら手を上げ㈳東大ウォリアーズクラブのサポートをしてくれることになったのです。

この方、髙橋和也税理士は、ビジネスの面だけでなく、法人の公益活動や非営利活動の領域に精通され、様々な経験をお持ちでした。それまで、法人の構想作りや設立にあたってはウォリアーズOBの弁護士のサポートも受けていたのですが、業務が始まり、大きなお金の動きも出てくる中で、経理・税務の面でのガバナンス体制整備が必要な時でした。

髙橋さんにはウォリアーズ支援の活動に深い理解と共感をいただき、ご家族で練習や試合の応援にも来ていただけるようになり、今では正式に㈳東大ウォリアーズクラブの顧問税理士としてお世話になっています。

初期の仲間に加えて、こうして活動の輪が広がり、新しい仲間を迎え入れることができたことは私たちを大いに元気づけてくれました。

1959年　関東学生アメリカンフットボール連盟に加盟

■内向きから外向きへ

こうして設立した法人ですが、実際の成果を出すまでのプロセスは簡単ではありませんでした。これまであまり例のない新しい動きだけに大学や世の中が私たちを理解してくれるまで時間がかかったのです。OBOG 会の中にも隠然と疑問の声がくすぶりました。

しかし設立から4か月ほど経過したころから外部の反応が急にポジティブに変わり、企業からの協賛が集まりだしました。大学当局も私たちの活動に理解を示し、むしろ一緒に大学スポーツの支援をやっていこうという姿勢に変わったのです。世の中の大学スポーツ支援の意識にはやはり高いものがありました。またこれに加えて私たちが当初から朴訥に「学生のために」という姿勢で活動を進めたことが功を奏したようです。もし私たちが拝金主義の姿勢であったり、現状への不満ばかりを言う態度だったりしたらこうはいかなかった気がします。

見方を変えれば大学スポーツがとても社会的な存在であるということなのでしょう。社会がこれだけの注目をしているのに、運動部側がいかに内向きになっているのか、法人という形で外に向かってみて気づきました。

運動部がもっと外向きになり、これを受け入れる社会インフラが整えられていくこと、これは日本の大学スポーツ興隆のための重要課題です。これを促進する役割と責任を大学が持ってくれる日が来ないか、とても待ち遠しいところです。

■ Comment

三沢　英生さん

東大アメリカンフットボール部監督／
元㈱ドーム取締役 常務執行役員CSO
現在㈱キャピタルメディカ執行役員
筑波大学客員教授

大きな話をするようですが、私がウォリアーズの監督を務めているのは、それが日本再興につながると信じているからです。もちろん、OBとして純粋に応援したいという気持ちもありますが、それは一部に過ぎません。

始まりは、関西学院大学を2年連続の学生王者に導き、ライスボウルをもって勇退した鳥内秀晃監督からいただいた言葉でした。

「日本の学生フットボール界が一番盛り上がったのはいつかわかるか？京大が日本一になった1995、96年頃だ。東大が日本一になったらどうなる？それ以上の社会的影響力があり、フットボール界だけではなく大学スポーツ、そして大学自体の改革につながるはずだ」

その後、縁あって自分が監督になってからは、この言葉がずっと頭から離れませんでした。

私はスポーツメーカーの役員としてスポーツの産業化を各方面に訴える中で、アメリカで一大産業となっている大学スポーツの事情にも精通しているのですが、世界的リーダーが毎年のように巣立つハーバードやプリンストン、UCLAやスタンフォードといった名門校がスポーツに力を入れている文武両道の姿と、東大を重ねて見るようになっていったのです。

アメリカンフットボールはもちろん、男子バスケットボールの興行によっても莫大な富を生み出し、その利益を教育現場に還元することで成長を続ける米国の名門大学の数々。そして全米大学体育協会（NCAA）の仕組み。これらを学び、NCAAの成功事例をウォリアーズのチーム作りに活かし、チームが活躍すれば、社会に巨大なインパクトを与えることになるでしょう。そして大学スポーツの活性化、スポーツ産業化が一気に進むと確信しています。

また、これらの名門校にはNFLやNBAに行けるくらいスポーツに秀でていると同時に、学業も優秀で卒業後は医師や弁護士になる、一流企業の最前線で活躍する、起業して成功を収める、といった人が少なくありません。米国にできて日本ができないわけはありません。私は、公共心に満ち溢れ、国家を背負ったり世界を牽引したりするような、そんな真のエリートをウォリアーズから次々と社会に羽ばたかせたいと強く願っています。

ウォリアーズの活躍が日本の大学の活性化につながり、日本中で優れた人材が輩出されることによって経済の活性化、ならびに日本再興につながる、ということになります。私にとって最も幸運だったのは、優れた経営者であり最大の理解者である好本さんと、この思いを共有していただける森さんという指導者に巡り会えたことにあります。

エリートフットボーラーに本気で勝ちに行き、切磋琢磨することでチームのスタンダードが上がり、学生たちは人間的に大きく成長します。我々の力は彼らにはまだ及びませんが、もがき、苦しみながら高い壁を乗り越えられるよう、好本さん、森さん、そして多くの仲間たちと力を合わせ、ウォリアーズを高みに導きたいと思います。

第4章

売った数字か売れた数字か

この章では、私が日本マクドナルドで8年間仕えた原田泳幸から教わり、自分が経営者としての基軸としてきたフィロソフィーをご紹介したいと思います。また、原田が経営を進める時の雰囲気と森がチーム強化を目指し指導する時の雰囲気、この両者に不思議に共通して見えてくるオーラについてもお話をしたいと思います。

■経営とはプロアクティブネス

ご存じのように原田はアップルコンピュータ（日本法人）のトップから2004年3月に日本マクドナルドのトップ（CEO）へと転じ、以降10年間、マクドナルドのブランドイメージ立て直しと急速な業績回復を果たした経営者です。

アップル時代に知り合いだったこともあり、原田の就任後に呼んでいただき、私もこの改革プロセスを傍で経験することができました。私が在籍したのは2005年から2013年までの、一部期間を除く約8年間です。

急速でドラスティックな改革の渦中で多くのことを学びましたが、その中でも私が一番大切にしているのが、彼の経営のフィロソフィーで、「自らアクションをプロアクティブに決定しそれを躊躇なく実行する力、これが経営の質を決める」という考え方です。

経営は決してリアクティブになってはならず、24時間365日プロアクティブでいなければなりません。与えられるリソースは常に限られます。特に時間というリソースは最も限定的であり、競争相手も同じ環境の中で必死に動いています。この中で、時間を最大限効率的に使い、他のリソース（人材、資金、ブランドetc.）を活用して、いかに顧客に対し自分にとって有利な影響を与えることができるかが勝負になります。ビジネスの展開として「待ち」や「様子見」のフェーズになることはもちろんありますが、それとても自分がプロアクティブに判断した結果として取るべきアクションであり、単なる「待ち」など論外なのです。

マクドナルドで原田は経営陣や管理職社員によく、「それは売った数字か売れた数字か」と問いかけました。そこには「自然に売れた数字に浮かれてはいけない」という意味もありますが、もっと大事なのは、どれだけ自分で「売ろう」とするアクションを起こしたかという部分です。

実際には予想外に自然に売れることもあるし、売ろうとしても目論見が外れることもあります。しかし大事なのは、その両方から冷静に学びつつ、その学びを「自分から売る」アクションに転化させていくこと、実際の売り上げの中で「売ろうと思って売れた」部分をどれだけ高めていくかであり、これが強い会社を作る根源であるという信念なのです。

それではどうしたらプロアクティブに「売る」姿勢を維持できるのか、そのための大切な要件を原田は自らの行動で私たちに示していました。

ひとつは徹底的に顧客の行動や心理を調べて考える「分析力と執念」。もうひとつはこの分析をベースにして「ひらめき」を生み出す創造力。そして最後に、ひらめいたアクションを誰が何と言おうと実行に移す「勇気」です。

顧客や市場の情報は今の世の中溢れるほどあり、これらの情報の中には経営のアクションに結びつくたくさんのimplication（含蓄）が隠されています。マクドナルドは典型的なB to C、しかもマスマーケットを相手にした消費者市場ビジネス。だから最も大事な情報は顧客の行動から得ることができるはずです。そこでまずは、得られる情報を、効率的に、ロジカルに、かつ自分なりの仮説も頭に置きながら徹底的に読み込み、分析することが出発点になります。

ここで気をつけなければならないのは、これらの情報の中に具体的なアクションプランは書かれておらず、また情報やデータをいくら分析しても何が「市場の事実か」100％の証明はないということです。情報を頭と体感を使って消化したのちに結論として出てくるアクションプランは経営上のひらめきであり、そのプランは元の情報から必ずしも数値的に証明されるとは限りません。でもそのひらめきは、経営者として、事業責任者として「こうに違いない」と思い込むことのできる信念であり、ビジネスを語る上では「ロジカル」に響くものになっているはずです。

もし情報から数値的、論理的、必然的に導かれるアクションを求めようとしても、そんな都合のよいアイデアはまずなく、万が一あれば早々に誰かが使っているはずです。そもそも超論理的に結論を出そうとしたらいくら時間があっても足りなくなります。

こんなふうにしてたどり着くアクションプラン（ひらめき）ですから、これを実行に移そうとするとき、自分としても一抹の不安が残っていたり、周囲からのネガティブな指摘に晒されたりすることがよくあります。ここで求められるのが経営者／事業責任者の「勇気」であり、「限られた時間とリソースの中で最適と信じる結論を導いた。これを自分の責任で一刻も早く実行に移すことが私の仕事」と言い切る迫力です。

原田泳幸氏

■マクドナルドの改革

それではマクドナルドの例で少し具体的なお話をしたいと思います。まずは情報の取得です。

当時3,000店舗を超す全国のマクドナルド店舗に、年間で何と延べ16億人の顧客が来店していました。1か月に日本の総人口以上の数が来店していた計算です。試しにこの16億人が列を作ったとしたらどのくらいの距離になるのだろうと計算してみると、なんと地球と月を往復する距離になる（約77万km）というすごい人数です。この16億人の行動や反応を丹念に拾っていくことで経営判断のための多くの情報を得ることができます。

ひとつはレジの記録です。どんな時期、日時にどんなタイプの注文があったのか、そこには膨大なデータがあります。

もうひとつがお客様窓口（お客様サービス室）に来る顧客の声です。これだけの顧客数、取引数ですからさすがにお客様窓口には多くの声が寄せられます。これを担当者がひとつひとつ誠意を持って対応していきます。寄せられる声は不満があった時のものが圧倒的に多いわけですが、これは店の現状を表すとともに、不満は顧客の期待の裏返しであり、ここにも膨大な情報があります。

そして次が「ミステリーショッパー」による店舗サービスの評価結果です。これは覆面調査員が毎月店舗に顧客として行き、決められたサービス項目をチェックするシステムです。実際の顧客ではないのですが、顧客の目から見た各店舗のサービスレベルやその状況をつぶさに調べ、詳細な報告を上げます。ここにも経営にとって有益な情報が満載です。

社員を通して情報を取ることも大事です。この事業を長年経験し、店舗の隅々まで理解している彼らは、顧客の声の代弁者であるとともに、顧客の声にどう応えるべきか常に考えている人たちでもあります。直接の対話もさることながら、社内の会議や何気ない会話からの情報取得も大切です。社員は店舗で何を感じているか、何を語ろうとしているか、そのサインを見逃さないのです。

原田はこんな表現で現場の大事さを教えていました。

「子供は親の鏡、店頭で起こっていることは全て経営者の鏡、経営の命題を発見しに現場に行け、子供は嘘をつかない、部下からの学びがない組織は死んだも同然」

こうしてあらゆるソースから徹底的に顧客の動きの分析を繰り返す中で、原田体制として、「売る数字を作るため」のアクションの初期のプライオリティーが浮かび上がってきました。

最大のプライオリティーは顧客サービスにとっての非常にベーシックな要件の部分でした。それは「すべての顧客にとって最も大事な要素は、店舗が清潔で、出てくる品物の品質が保たれていて、これを提供するサービスがきちんとしていること」でした。当たり前かもしれませんが、この当たり前が当時維持されていなかったのです。

当時は1990年代の店舗数急拡大の直後でした。新店舗の場所や形、大きさに妥協があったり、増加した店舗を支えるための社員のトレーニングや育成が間に合っていなかったかもしれません。もちろん店舗で働く人たちは、まじめに一生懸命にやっていたのですが、結果としてベーシックな部分で顧客の満足度は十分でない状態と判断しました。

次に注目したのが、同じベーシックでも、特に昼のピーク時におけるサービスレベルでした。マクドナルドの売り上げは今でも昼のピーク時が最も高く、当時はその傾向が今より顕著だったと思います。顧客としても「マクドナルド＝ランチ」のイメージが今以上に強く、ランチに来てくれる方々はマクドナルドが「売る」相手としては非常に重要な顧客なのです。この顧客にとっても「店舗が清潔で、品質がよく、サービスが良い」ことはミニマムな要件になりますが、その中でも「スピードと正確性」については特段の良いパフォーマンスが期待されることになります。

昼食の時間は限られている上に店は混んでいます。こんな時、自分の欲しいものが１秒でも早く出てくることが大事で、もし注文の品が正確に出てこないなんてことになると、顧客にとってはとても面倒なことになります。

こんな時に、もしスターバックスのように「今日はいつもと違うものをお飲みになるんですね」なんて言われても、残念ながら「気の利いた会話だ」とは思ってくれません。「そんなことより早く出して」と思われるのがオチです。でも決してツッケンドンな態度で良いのではないのです。マクドナルドスマイルを崩さず、超迅速に、正確に、注文通りの品を溌剌とした雰囲気で事もなげにお渡しするのがマクドナルドのプライドです。

しかし当時、昼のピーク時のオペレーションは必ずしも十分な顧客満足を得られるレベルではありませんでした。この原因も上記の店舗運営のベーシック（清潔、品質、サービス）の問題と同根だったと考えられます。現場では社員やパートスタッフが与えられた環境の中で一生懸命凌いでいるという状況だったのでしょう。

原田は、この２つの課題を解決しない限り、何をやってもこれからの成長はないと直感し、戦略的店舗閉店に踏み切りました。事業としては少しでも売り上げを維持したい時期であり、何とか現状の店舗を維持しながら事業を改善できないのかという議論もありました。しかし、マクドナルドのような消費者ビジネスで、来店のたびに顧客が「がっかり」を繰り返した場合、あっという間に悪循環に陥り客足は救いようのないレベルまで減少するリスクがあります。いったん店舗数を減少させ、多少時間をかけてでも、ブランド価値を維持、向上させ、そこから再スタートするべきという判断です。新店舗の開設もしばらくの間慎重なペースで行いました。そしてこの戦略は、店舗の物理的改善だけでなく、人材を育成し、サービスレベルを上げるための時間も稼いだのです。

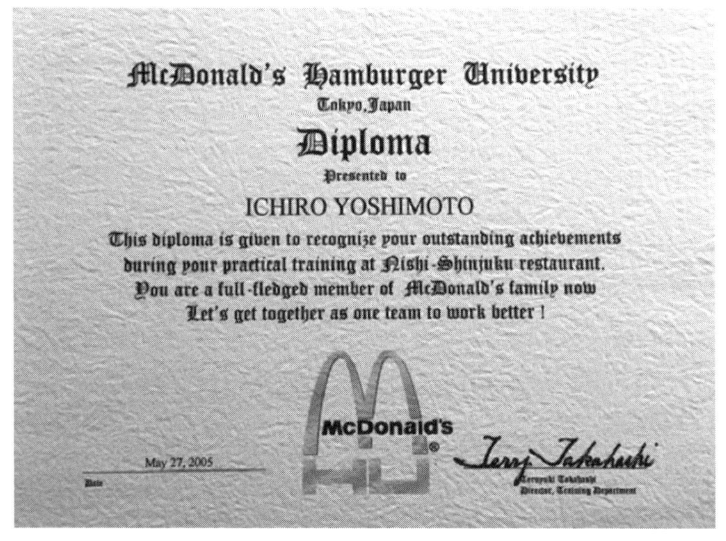
McDonald's Hamburger University
Tokyo,Japan
Diploma
Presented to
ICHIRO YOSHIMOTO
This diploma is given to recognize your outstanding achievements
during your practical training at Nishi-Shinjuku restaurant.
You are a full-fledged member of McDonald's family now
Let's get together as one team to work better !
McDonald's
May 27, 2005
Date

ハンバーガー大学の履修証明書

一方で、原田は当初からあるひらめきを持っていたと思います。実は、店舗の状態やサービスのレベルが「本来あるべきレベル」に到達するより前でも、顧客はそのレベルが急速に改善していることを発見すれば必ずポジティブに反応してくれると。

こうして事業の基本的な改善が始まり、その効果が出始める中で原田は顧客を店舗に誘導するための施策を打っていきます。

100円マックはそのひとつです。2005年6月にハンバーガー、シャカシャカチキン、マックシェイクなど6種類の商品を100円マックと位置づけてプロモートを開始します。これに対しても様々な議論がありました。それ以前、いわゆる「低価格路線」や価格の頻繁な変更でブランドイメージ低下があったことから来るトラウマや、少しでも利益の欲しい時に100円という価格で売って良いのかというためらいの声もありました。

これに対し原田の考えは一貫していました。まずは顧客を店舗に呼び戻すことが先決、そのためにはシンプルで分かりやすくかつ顧客にインパクトを与えるプライシングが必要。店舗に来て満足な体験をすれば必ずリピーターとなる。それに100円マックを目指して来店する顧客の中には、必ずそれ以外も購入する顧客がいて、その数は増えてくるはずという信念でした。結果はその後の業績向上がそのまま物語っています。

2008年2月にはそれまでに比べ格段に高い品質のコーヒーを導入し、「至福のコーヒータイム」としてこれも100円マックの仲間入りをさせました。これは3,000店舗以上というサイズを活用し、日本市場をリードするコーヒー会社の協力を得て、大量仕入れすることで高品質のコーヒーを100円という価格で提供するという試みでした。今でこそコンビニエンスストアで同様の品質、価格のコーヒーが手に入りますが、当時はコンビニにはこの種のコーヒーはなく、日本市場ではマックが先鞭をつけた、というよりこれも原田の経営者としての「ひらめき」のひとつだったわけです。

この結果、コーヒーの売り上げ自体、それまでの年間1.7億杯から2010年には3.3億杯と飛躍的に向上したのですが、経営上非常に重要だったのは客足の増加、そして満足を得た顧客がコーヒーだけでなく他の商品を目的として再度来店するという客足の循環でした。

「ひらめき」というと勘を頼りにした判断にも聞こえがちですが、すでに話したようにひらめきに至るには深い考察、洞察と自分の仮説立証のプロセスがあります。時には、顧客の言うことそのままには従わないという「ひらめき」もあります。

マクドナルドでの典型的な例が「サラダ」に代表される「栄養のバランス」の話です。マクドナルドの顧客にはファミリー層も多く、お母さんのグループや家族がお子さん連れでというシチュエーションも多くあります。そんな人たちにマクドナルドでどんな商品を開発してほしいかと聞くと決まって栄養のバランス、サラダという話が出てくるのです。そのままの議論が社内でも起こることもありました。

もちろん食事のバランスは大事。お母さん方は一生懸命でしょう。でもマクドナルドが本気でサラダを出しても売上は上がらないだろうというのが原田のひらめきでした。

顧客はトータルとしてバランスを取ろうとする。マクドナルドに求めるものはそのうちのマクドナルドが得意とする部分だけだ。ファンシーなサラダをがんばって作ってもそれはマクドナルドの売上額や売上構成を大きく変えるものにはならない。

バランスは顧客が取るもの、むしろマクドナルドはそのバランスの中で自分の強みを活かした商品提供に力を入れるべきだ。マクドナルドの強みと言えばそれはやはり牛肉なのです。これも大量仕入れが功を奏し、また日本の場合オーストラリア、ニュージーランドの生産者との長年の信頼関係もあり、高い品質の牛肉を他にはまねできないリーズナブルな価格で提供できているのです。

原田はこの強みを活かして、「牛肉」にフォーカスしたプロモーションを効果的に打っていきました。メガマックやクォーターパウンダーがその例で、この活動は、上記の店舗のベーシック環境向上、顧客トラフィック増加のための100円マックと並びマクドナルドのブランド回復と業績の急速な向上に大きく寄与しました。

徹底的な情報の分析、それに基づく経営的ひらめき（アクションプラン）、そしてそれを躊躇なく実行していく勇気、この原田の教えは、法人を設立し事業を立ち上げ推進する上で、私自身にとっての大きな精神的支柱になりました。

資金のショートが見え時間は限られている。もうアクションを起こしていくしかない。前例はなく、今ある情報で判断し、現時点で最適と思われる行動を進めていく。周囲の人たちは全体像を持たないわりに個々の事象を見つけては持論を展開してくる。そんな中で頼りになるのは「事を前に進めるのは自分しかいないんだ」という気持ちでした。

止まれば倒れる、なんとかあそこまで早く行かなければならない。こんなときに見物客から「立ち上がって歩いたら転ぶかもしれないよ」と言われたとしてもそれは無視するしかありません。

原田の教えがこんなシチュエーションでこんなに有効に働くとは私自身思ってもいませんでした。

■森の教え —— どうやって勝ちにいくか

原田は経営陣に徹底的に「売りにいくこと」を説きますが、森は部員に徹底的に「勝ちにいくこと」を求めます。

「第１章　勝つイメージを作れ」でも述べましたが、ウォリアーズの活動のゴールはあくまで秋の公式戦で勝つことであり、すべての練習や活動はこのゴールに向かって組み立てられます。そのため「どんなレベルになれば勝てるか」のイメージを最初から作り、そのレベルになるための計画を組み立て実行していくのです。

森は選手に今の自分の能力を冷静、客観的に把握する努力を常に求めます。同時に、どんな局面でも自分が今持っている最高のパフォーマンスを出そうとする強いメンタリティを持たなければいけないと教えます。

特に練習試合の時に強調するのが「どんな相手であっても、すべてのプレーで、全力で、自身の最高のパフォーマンスを出す」という姿勢です。強豪校に対してひるんで腰が引けるのは論外、格下の相手に力を抜くのはもってのほかという教えです。

選手は現在の自分としての最高のパフォーマンスのレベルが今どこにあるかを常に自覚・理解しなければなりません。

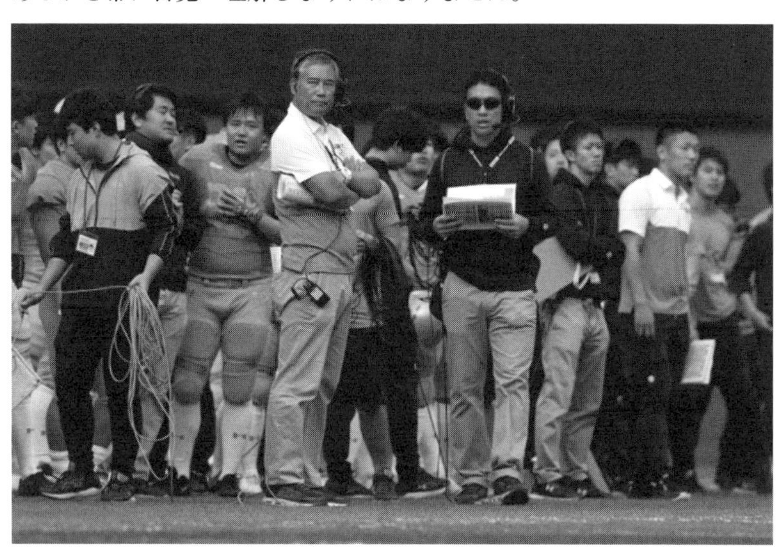

特に自分より格上の相手にぶつかることは、自分の最高レベルを出し、今の相手（自分が到達すべきレベル）との差を実感できる絶好のチャンスになり、ここが自分の出発点となります。これができれば、今後どこまで自分を高めるべきかを体に覚えこませることができるのです。また自分の現時点での最高のプレーが頭の中にあれば、それをどう引き出すかの努力につなげることもできます。

また、ひとつのプレーで自分が相手に勝ったからと言って浮かれてはいけません。自分の最高のプレーはできていたのか、どうして勝てたのかを考えるのです。相手のミスが原因になって勝つこともあります。相手のミスはこちらの力では再現できませんが、もしこちらからミスを誘っていたのならば、そこには再現性があり、評価に値する能力です。そのミスに乗じてさらに相手を押し込んだとしたならば、なおさら良いパフォーマンスとなります。

これからさらに高いレベルを目指そうとするとき、今の自分の最高のプレーは出発点にすぎません。森はそう選手達に指導します。森が本当に選手に求めているのは、理屈よりも、強くなりたいという執念かもしれません。フットボール未経験者が限られた活動時間で最速に成長していくためには、あらゆるチャンスをものにし貪欲に成長しようという執念が必要です。

「俺たちはアスリートとしてはまだ二流だ。だが、やり方次第で『舐めてかかってくる一流』には勝てる。でも俺たちがやるべきことをやっていなかったら勝機は絶対にない」ある日、ハドルの中で森はそう選手達に言葉をかけました。

こうして迎えた2019年度のTOP8での公式戦、試合開始前のハドルで森は毎試合同じメッセージを繰り返しました。

―　練習と同じことをやれ。俺たちは勝つための練習をやってきたはずだ。練習でやったことをそのまま出すことが勝ちにつながる。タックルする時はグランドに足をつけてしっかり足をかくことを忘れるな。気持ちが先走って飛び込んでいくようなタックルはするな。

―　思いっきりやって失敗しても良い。躊躇はだめだ。失敗するかもしれないと考えて躊躇があったら練習通りにはできなくなる。練習通りを思いっきりやってこい。

―　万が一失敗しても、絶対に後に引きずるな。目の前のプレーだけに集中して100％を出せ。目の前のプレー以上に大事なものは何もないと思え。

これらは勝つためにあらゆる努力をしてきたことを思い出させ、勇気を与えるとともに、今日が本番で、今日勝つためにこれだけつらい思いもしてきたことを自覚させ、だからこそこれまでの努力通りのパフォーマンスをぶつけようというメッセージなのです。そしてTOP8での戦いでこれらに加えて強く協調したのが次のメッセージでした。

―　試合の流れの中で「ここが勝機だ」という展開が必ずやって来る。そうした時に皆の集中力を100％以上に上げろ。やることは練習通りだ、でも「ここが勝負だ」という気持ちを皆で込めろ。

森のメッセージは一貫しています。同じ言葉を何度も言うだけでなく、様々な表現で発信しながら、最も大事なメッセージを繰り返し何度も伝えているのです。こういったメッセージは日々の活動やコミュニケーションを通じてチームメンバーの頭と心に蓄積され、次第に皆のエネルギーが同じ方向を向き、気がつくとチーム全体がひとつになり団結力が生まれています。

森自身が筋の通ったフィロソフィーを持ち、すべての活動を「勝つため」にフォーカスしているために、学生たちにも分かりやすいメッセージになっているのですが、同時にそのメッセージの伝え方にも森の特徴が出ます。彼は自分の考えを伝えるとともに、常に学生に問いかけています。「勝ちたいよな？」「やっぱり俺たちは勝つためにやってるんだよな？」「じゃあ勝つためにはどのくらい強くならないとだめだと思う？」「そのレベルに行くためには何をしたら良いと思う？」こういった問いかけがあり、それに対し学生が考えて答えにたどり着いているからこそ、森の考えは納得感を持って学生に受け入れられているのです。

こうしてみると、強い企業を作ることと、強い運動部を作ることに共通の要素が見えてきます。「相手」が誰かを意識し、その相手を徹底的

に分析し、それに対し自分が何ができるかを突き詰め、決まったアクションを勇気を持ってとことん実行する。企業であれチームであれ、「集団」が強くなりパフォーマンスを上げるようになるためには同じことが必要なんだということでしょう。

ところで、メッセージの一貫性という意味では原田も経営者として同じ姿勢を貫いています。原田の場合、まずは自分自身を厳しく突き詰め、またその「ひらめき」に天才的なところがあり、周囲の幹部社員はそれについていくだけで精一杯になってしまうことがあります。しかし、時間を少しかけていけば「なるほど」と唸るほど経営的一貫性が見えてきます。

原田はドラムの腕前がプロ級で、自ら主宰するジャズバンドのコンサートを開いたり、実際にプロのミュージシャンとコラボしたりするという一流のドラマーなのですが、その彼が一度こんなことを私に言いました。

「ドラムというのは曲のリズムを決めてバンド全体を支配できる立場にあるんだけど、一方で他の楽器と違ってそのリズムを絶対に崩してはいけないという宿命を持っているんだ。アドリブを入れてひとり自由に演奏したりできない、その分つまらないとも言えるんだ」

経営者、リーダーも同じなのではないかと思います。その集団のゴールを定め、全員をそのゴールに向けて動かし結果を出させる。ゴールに向かっての全員のリズムに常に耳を傾け、ズレが生じないよう、一貫したリズムのタクトを振るのが指導者の役割になるのでしょう。

原田と森にはもうひとつの共通点があります。それは２人が指導者として行動している時に発している雰囲気、オーラです。２人ともゴールに向かってあらゆる努力を傾注していくという「凄み」を持っており、その執念はファナティック（熱狂的）ですらあるのですが、同時になぜか常に冷静で理性的な雰囲気が漂うのです。

これは２人が、ゴールを成し遂げるために何が必要か、常に考えに考え抜いているからだと思います。２人の共通点はゴールを成し遂げることの「本気度」です。「本当の本気」で何かを成し遂げようとするとき、決して「精神論」にはならないはずだからです。倒れるまでがんばるのではなく、与えられたリソースの中でどうやってゴールに到達するか、考えに考え抜き、もっとも投資効率の良いやり方で全体を動かそうとするはずです。そして何をどう動かそうとしているかをその構成員に分からせ、彼らのモチベーションを高めることで全体の力を最大限に出させようとするはずです。

こうした考え方に合意ができている集団は、ゴールに向かう気合はファナティックであっても、その行動においては冷静さや理性の雰囲気が出てくるものです。

本書の「はじめに」でも述べましたが、こういう指導者のこんなやり方がもっと日本の企業に取り入れられたら、優秀な日本のビジネスパーソンたちはもっと活性化され、結果、企業も活性化され経営者にとっても社員にとっても、勢いのある活躍の場が提供されることになるのにと思います。

■ Comment

関　剛夢さん

2019年度主将／LB（ラインバッカー）

2019年春、部の歴史で初めてウォリアーズはTOP8のチームとして始動し、秋の公式戦を展望して練習試合がいくつも組まれました。TOP8であることのプライドを持ち、そこで戦うことを待ち遠しく思う反面、正直なところ部員は大きな不安を抱えていました。私たちが本当にTOP8で戦えるのだろうかと。

そんな時、森さんからは大変ポジティブなメッセージが出されたのです。

「今年のチームでTOP8のチームを圧倒して優勝するレベルになるのは難しいかもしれない。だが、今年のチームもTOP8のどの相手にも勝つチャンスは絶対にある。だからどうしたら勝てるか、真剣に考えそれを実行していこう」

このメッセージを受け、私たちも、まだ力不足だが同じ土俵に立ったからには勝つチャンスがあると信じよう、一泡吹かせてやろうと意気込みました。

しかし、春のシーズン、ウォリアーズは強豪校との実力差を見せつけられる形で負け試合を重ねました。

自分たちは森さんの言う「勝つイメージ」を追求してきたつもりが、実は実力差を客観的に把握しないままに、その差を埋めるのに十分な準備をせず「もしかしたら勝てるかも」とただ期待していただけだったんじゃないか、「勝つチャンスがある」という考えにすがり、甘えていただけなんじゃないかと、自問自答の日々でした。

でも、そんな春シーズンを経ても、森さんのメッセージは一貫していたのです。

「このチームに残された時間と、他のチームとの間にある実力差とを鑑みると、このチームが始まった時よりも苦しい状況になったかもしれない。でもそれでも勝つチャンスは絶対にある」

これに加えて森さんは、秋の公式戦開始直前にこんな事を皆に言ったのです。

「今年の戦績を上げる事だけを考えれば、実力差のある上位校との試合は流して、下位校との試合に照準を絞り残留を目指すという考え方もあるかもしれない。しかしそれではいつまでも残留しか目指せない。ボロボロになるかもしれないが、どの相手にも本気で勝ちに行く」と。

森さんのフットボールに取り組む姿勢は常に最高峰を見据えたものであり、これがブレる事はありません。また、その根底には「勝負するからにはどんな結果もあり得る、だから勝つための努力を惜しまない」という勝負に対する執念があり、これが次第に今年のウォリアーズにも根づき始めました。

秋の公式戦が進む中で、私たちの気持ちも急速に変化していきます。どの試合も厳しい戦いになるが、それでも勝つ可能性は必ずあると信じよう、そして勝つために何をすべきかを考え、それを練習で身につけ、試合で出し切ろうと気持ちが高まっていったのです。格上の相手に対しても「もしかしたら勝てる」から「勝つチャンスがある」という意識に変わっていきました。結果的には１勝に終わりましたが、来年につながる経験を重ね、春から見れば大きく成長することのできたシーズンでした。

創部以来成し遂げていない「日本一」というミッションを果たす事、これはこれからのウォリアーズにとって大きなチャレンジです。しかし、ウォリアーズにとって最も重要なチャレンジは、まずは最高峰にふさわしい姿勢でフットボールに取り組む集団へと変わっていく事なのだろうと思います。そうすれば日本一も見えてくるはずです。

ウォリアーズはこれからそんなクールな集団に必ず変わっていけると心から信じています。

第5章

運動部は誰のもの？

■日本の大学運動部の位置づけ

大学の運動部は誰のものなのか—これは永遠の問いかも知れません。大学、学生、OBOG、父母、連盟、協会等々、大学運動部周辺には数々のステークホルダーが存在します。

大学に所属している運動部なのだから、まずは大学のものだろうと考える人がいるでしょう。しかし、実際はそうとは言えない現実があり、これが日本の大学スポーツの大きな課題でもあるのです。

日本の大学の運動部は大学の体育会に所属はしていますが、大学の視点ではあくまで学生が自分たちで集まって活動している任意団体の位置づけなのです。大学としては施設の使用権を認め、教員の中から部長を選ばせてはいるものの、活動上の責任は学生側にあり、ケガ人が出たり、万が一死亡事故があっても、施設の瑕疵等の部分を除けば大学側には責任がないというシステムになっているのです。

このように任意団体である運動部は法人格を持たないため、契約の当事者にもなれず、部の名前で銀行口座を持つことすらできません。便宜上の措置として、監督等の個人口座で資金の管理をするしかないのが現状です。口座名義が一応「○○大学○○部監督　××××」という名称になっていても、契約上はあくまで個人口座であり、残念なことにこれが不正の温床になった例もありました。

私学の場合には、大学の方針により部活の指導者を職員として雇用したり、スポーツ施設に政策的に大きな投資を行うところもあります。しかし部活の位置づけはあくまでも「学生がやっている任意団体」であることに変わりありません。このため、深く関わった一部の人間がガバナンス上の問題を起こしてしまうこともありました。

一方、国公立大学では、スポーツ施設はあくまで体育教育優先です。運動部の施設のための投資に重点は置かれず、施設以外の面での補助はほとんどないのが現状です。こうして多くの学生は安全対策もままならない環境の中で活動を余儀なくされており、万が一事故が起きてもすべて自己負担でそれを解決しているのが現状です。

スポーツのすばらしさや、その教育的な意義については多くの人たちが認めています。そもそも大学は研究機関であるとともに教育機関でもあり、次世代を担う人材を育成する場所のはずです。社会全体が「人材育成のためのスポーツ」という視点をもっと持つようになり、将来のために人材を育成し、社会の活力を向上させるという観点から社会全体で運動部を応援する仕組みができていくことを願っています。

実はわが東大では幹部の方々のリーダーシップの下、このような考え方に基づく先進的な取り組みが始まっています。スポーツ活動についても教育・人材育成の重要な活動と位置づけ「東大スポーツ振興基金」を設置したり、私たち㈳東大ウォリアーズクラブと協定を結び、未来社会への貢献に向け共に協力し合う関係作りを進めたりしているのです。この動きの中心にいる社会連携本部は、学外の人材を募り、昨年秋にアドバイザリーボードを設立し、広く社会連携推進のための議論を始めたところなのですが、このボードには私もメンバーとして参加しています。お互い、目標は高くゴールはまだ先ですが、私たちにとっては大変有難く、頼もしい変化です。

■日本版 NCAA の議論

日本全体でもこのような議論はここ数年の間にようやく盛り上がってきました。2019年3月には新たに一般社団法人大学スポーツ協会（UNIVAS）が設立され、そこにはすでに221の大学と35の競技団体が加盟（2020年8月現在）しています。スポーツ庁の呼びかけもあり設立されたこの団体の設立理念は、「大学スポーツの振興により、『卓越性を有する人材』を育成し、大学ブランドの強化及び競技力の向上を図る。もって、わが国の地域・経済・社会の更なる発展に貢献する」とあります。また事業内容としては下記を掲げています（いずれもUNIVASのHPより）。

・学びの環境を充実させます
・安心して競技に取り組めるようサポートします
・大学スポーツを盛り上げます

UNIVAS設立にあたって一貫して掲げられてきたのが「日本版NCAAを作ろう」というビジョンでした。ご存じの方も多いと思いますが、NCAAとは全米体育協会（National Collegiate Athletic Association）のことで、1906年に前身の団体として設立されていますので、既に100年以上の歴史がある、全米の大学スポーツを束ねる組織です。

日本の大学スポーツのあるべき姿を追う上で、「大学スポーツ先進国」であるアメリカのシステムに習っていくことはひとつの道であり、私自身も、NCAAがこれまで構築してきたすばらしいシステムの中に、今の日本の大学スポーツの課題解決のカギがたくさんあると信じています。

しかし、ここで気をつけたいのは、NCAAのひとつの特徴である「スポーツ産業との連携」の部分が強調されがちであること、そしてそのために、日本の大学スポーツが第一に取り入れるべきNCAAの本質の部分が後回しになるリスクがあるということです。

確かに我々がメディアを通じて見るアメリカの大学スポーツは、いかにもしっかりとした経済的基盤の上にあり、潤沢な資金によってすばらしい環境が学生に与えられているように見えます。これは間違いのない事実で、日本も究極このレベルに行きたいところです。

ただ、NCAAがいろいろと課題を抱えながら100年以上も成長を続けてきた根源にあるのはむしろ「大学スポーツは大学教育の一環であり、各大学はスポーツ教育に自ら責任を持つ」というフィロソフィーなのです。日本の「部活動は学生が自分たちで集まってやっている」という定義とは対極にあります。

これが基本ですから、NCAA は加盟大学に「安全対策を含めたスポーツ環境の維持・向上のため必要な投資を行う」ことを求めます。また教育の一環と位置づけるからこそ、学生に対しては「スポーツと学業の両立」を求め、もし学生が一定以下の学業成績になった場合は NCAA 主催の試合には出場停止となります。

しかしながら各大学が「安全対策を含めたスポーツ環境の維持・向上のため必要な投資を行う」ことは決してたやすいことではありません。NCAA がメディアを含むスポーツ産業との連携を進めた理由のひとつがこの投資のための資金を調達することでした。各大学と NCAA は協力し、大学スポーツの持つ価値を活用し、そのイベント等を通して様々な形で市場から収入を得る工夫をしてきました。この収入の多くの部分は加盟する大学のスポーツ環境向上のために費やされることになるのです。

こうした投資を進めることで大学のスポーツがますます興隆し、優れたアスリートが集まり、そのブランド価値が上がり、さらにそれが収入に結びつくというポジティブな循環を作ってきたのが NCAA です。またこの活動は結果として大学のブランディングの向上や学生のプライド・帰属意識の向上にも大きく貢献しています。

NCAA にはもうひとつ特徴があります。それは、NCAA に加盟しているのは、あくまでこの NCAA の考え方に共感した大学だけだということです。NCAA には 1,200 近くの大学が加盟しており、競技数で 23、学生数で 46 万人という巨大な団体ですが、それでもすべてではありません。大学の中には「学業中心」「研究中心」の位置づけを選び NCAA には参加していないところも数多くあるのです。

ですので、「NCAA が加盟大学にスポーツを大学教育の一環とすることを求める」というよりも、本質は「スポーツを大学教育の一環とする大学が自主的に集まってNCAAを作っている」というのが正しいでしょう。NCAAはあくまでサポート役なのです。だからこそ100年にわたり、いろいろな苦難を乗り越えつつ、一貫したフィロソフィーを維持してきたのだと思います。

今のNCAAの形をそのままということはないにしても、日本にもしこのような考え方が導入されるのであればとてもうれしいことです。ただ、その道のりは簡単ではない気がします。

さきほどUNIVASにすでに221大学が参加しているとご紹介しましたが、それぞれの大学がNCAAの掲げるような「スポーツを大学教育の一環として認める」という体制に移行しなければなりません。しかし、個々の大学にとってこれは経営理念上の根源的な変更であり、また相当なレベルの投資を今後恒常的に行う覚悟を持たなければならないディシジョンでもあります。

この投資は物理的な環境に対してだけではありません。大学が毎年責任を持ってスポーツ教育を進めていくためには、それを担当する組織を

作り、人的な投資も行わなければならず、毎年ランニングコストが発生することになります。決して少額の投資ではありません。

もうひとつ乗り越えなければならない課題が、すでに加盟している35の競技団体とUNIVASとの関係です。上記に述べました各大学の経済的負担を考えても、UNIVASがリーダーシップを発揮してNCAA的な資金調達能力をつけていくことが必須かと考えますが、これはその内容からいって、既存の競技団体と相当に綿密な話し合いが必要なプロセスになります。日本の大学スポーツ興隆のためという一点においてぜひ大同団結をしていただきたいところです。

いずれにしても、社会が動いて大学スポーツの環境を改善することは喫緊の課題ですので、UNIVASがそのリーダーシップを発揮されることを心より願っています。

■運動部はOBOG会のものか？

UNIVASの動きはあるものの、大学スポーツの現場環境はまだ以前のままです。こんな背景の中、日本の大学スポーツでは、OBOGがその活動を、資金面、人材面で支えてきました。OBOG会費やOBOG個人の寄付が主要な収入源である運動部はまだ多く、また人材面でもOBOGの誰かが、手弁当で、時には人生を賭して指導にあたるというプラクティスがいまだに主流です。

その一方で、運動部の厳しい上下の序列はOBOG会の中でもそのまま続き、一部の声の大きいOBOGに逆らえない空気が出てきます。こうなると部活動は現実OBOG会の管理下に位置づけられ、OBOG会の意思で、あるいは一部力のあるOBOGの考えで活動方針や監督人事も決まるということになってしまいます。

OBOGが自分の出身運動部に対して持っている思い入れはすごいものがあります。この情熱は大事で、現実はこれが現役の部活動を支えている大きな力です。けれども、自戒も込めて言えば、OBOGはここで踏みとどまらなければなりません。時代は推移し、今の学生が今の空気の中でスポーツに勤しんでいるのです。スポーツが人を育てるとすれば、それは今の若者に合う環境の中で進められるべきです。現代の学生が現代の空気の中ですくすくと育っているのを見ることができる、これがOBOGが味わうことのできる最高の喜びと考えるべきだと思います。

それではどうやって若者の活動を支えていくのか？ウォリアーズが選択した「支援部隊としての法人」の形は、まだまだ完成度は低いですが、これに対するひとつの答えだと思います。「情熱を持ったOBOG会」はそのまま存続して、現役チームのスピリチャルな拠り所として機能し、一方で法人格を持った支援部隊が、関係者や社会との関わりの中でガバナンス、資金調達を進める。そして関係者が集まり、この法人の管理監督を一定のルールを作って進めていくという考えです。

■学生のため

今回の体制変革で、部員の保護者からなる「ファミリークラブ」を正式に立ち上げました。ファミリークラブは部員の家族の交流や連携を深め、部員の活動を応援していくことを目的にしています。2019 年度のシーズンで部員が 190 名を超えるウォリアーズではファミリークラブ会員も 300 名を超えています。

今の学生たちと親御さんとの距離はとても近いようです。数十年前では考えられないことですが、学生は大学での授業や部活のことをよく家族に話します。家族の方々も熱心に応援してくれて、試合にも大勢が足を運んでくれます。年に数回行う父兄の集まりには全国から参加があり、部活動の内容や安全対策、栄養管理など幅広い項目で熱心な議論になります。この熱心さが、新しい体制を作りそれをドライブする上でどれだけ支えとなったかわかりません。同時に、この親御さんたちの気持ちに接して、私たちの拠って立つべき原点に気づかされました。それは「この子たちにすくすくと育ってほしい」と思う純粋な親心です。

これこそ私たち「サポーター」が学生に向けるべき視線なのだと感じました。部活動は「誰のものか」ではなく「何のためか」というところに戻るべきだと気づかされたのです。そして何の疑いもなくそれは「学生のため」なのです。

スポーツから多くを学んだ学生が社会に出て活躍する、これは社会の将来にとってすばらしいことです。だからこそ学生がもっと伸び伸びとスポーツに打ち込める環境を作るべきであり、そこで成長した学生が社会に出ることで社会がさらに発展する、いわば将来への投資です。

私自身、学生時代にフットボールを経験したことで自分のビジネスパーソンとしての人生をエンジョイできたと思っています。自分の心の中には常に「自分はウォリアーズだ」というアイデンティティがあり、それが自分の拠り所となりました。体と心の中に蓄えられたエネルギーは社会に出たあと、何度も自分を救ってくれました。また、フットボールによってすばらしい仲間を得ることもできました。どれもが人生を前向きに、エンジョイしながら進む原動力となりました。この法人の仕事を引き受けたのも、フットボールへの感謝、フットボールへの恩返しの気持ちからでした。

しかし、今の日本の仕組みでは、十分なスポーツの環境が学生には与えられていません。学生だけでがんばってそれを得ようとしても不可能です。だから、大学やひいては社会がもっと学生に手を差し伸べ、よりよい環境を提供するべきです。これまでの大学スポーツのステークホルダーには「社会」というプレーヤーが入っていなかったように思います。ステークホルダーとして社会全体でこの機運が盛り上がってほしいと願っています。

■ Comment

加藤　政徳さん

2018年度ファミリークラブ初代会長／
前㈳東大ウォリアーズクラブ代議員

「彼らは、一生懸命に自分の役割を果たしているのだから、学生に文句を言わないでください！文句なら私に言ってください」

昨年（2019年）の、ある試合会場でいつもは穏やかな好本さんが試合を観戦に来られたお客様に強くお願いをしておられた。この光景に私はえらく感動しました。

学生アメフトのフィールドは学生の人間教育の場である。大人が自分の不平不満を学生にぶつけてどうする。がんばっている学生達の成長を温かい目で見守ってほしい。好本さんの背中からはそんなメッセージが発信されていました。

「日本一になれる可能性のある部活だから」「このチームのメンバーと4年間を共にしたいから」確か、そんな理由で息子はウォリアーズでアメフトを始めました。東大がスポーツで日本一になるのは並大抵の事ではない。たくさんの仲間と苦楽を共にしながら、大きな目標に向かって行く中で必ず自分も成長できる、そう思うと、きっと心がワクワクしたのだと思います。その息子のお陰で、私はこんなにもすばらしいスポーツと出会うことができました。そして最終学年の時には法人化という大きな転機に関わらせていただくことができました。

保護者の方々とご一緒させていただいて最も強く感じたことは、ファミリークラブは学生達を見守る「美しい空気」を自然に作り出しているということです。保護者の一番の願いは、安全です。怪我をしないでほしい、毎日元気にがんばってほしい、そういう思いで応援しています。

そして、次の願いは、人間としての成長です。自分の置かれた立場で、チームのため、皆のために、必死になって努力を続け、アメフトを通じて、人として成長してほしい。ただアメフトが上手くなって、試合で勝ってほしいだけではない。この不確実で、我々の頃とは全く違う難しい社会のお役に立てる強く逞しい人間に育ってほしい。

体と技は引退すれば自然に少しずつ低下してくるでしょう。しかし心だけは引退後もずっと成長し続けられる。その心の中心になるものをアメフトを通じて自分なりに掴み取ってきてほしい。いわば「成長の要諦」のようなものです。

例えば、平凡で当たり前の事を、徹底的に繰り返し、いかなる状況の中でもそれを出来るようにする。そう言った小さな努力の積み重ねでしか心は磨けないんだということ。感謝や協力を忘れるとチームワークが途端に弱くなる。どんなに強くても勝負に負けることもある、だからい

2018年度４年生と保護者の集合写真

つでも感謝を忘れてはいけないのだということ、などです。

法人化されて、組織力が上がった事で、ウォリアーズは保護者の願う方向へ進んでいると思います。後はメンバーひとりひとりの心次第です。

ファミリークラブの保護者の方々は皆、チームに関わる全ての人に対して、尊敬と愛情を持っています。対戦する相手チームの選手に対しても、そのすばらしいプレーには思わず拍手をしたり、負傷者がでると敵味方関係なく皆で心を痛めたりしました。自分の子供のことだけでなく関係する皆のこと、チーム全体のこと、相手チームのことまで心配をしています。そう言った美しい空気に包まれて、チームを応援出来たことで、我々保護者もアメフトから、ウォリアーズからたくさんのことを教えていただきました。

第6章

森オーガナイゼーション

■レベルの高いチームとしての組織化

ウォリアーズは2019年度のシーズンで部員が190名（選手140名、スタッフ50名）を超え、これにプロ及び学生コーチやメディカルスタッフなどを加えると220名超の大所帯となりました。キャンパスも駒場(1、2年生）と本郷（3、4年生）に分かれています。このサイズの集団の規律を維持し、かつゴールに向かってチーム全体に効率的な動きを維持させるのは並大抵のことではありません。

そもそもフットボールは組織的なスポーツで、強くなるためには日々の練習を通して頭も心もひとつのチームとしてオーガナイズしていくことが大切です。これに加え東大にはスポーツ推薦もフットボール部を持つ付属高校からの入学もなく、入学時はほぼ素人集団です。この素人集団をいかに素早く効率的に鍛え上げ、レベルの高いチームとして組織化していくか、このスピードが、私学の強豪校に肩を並べるための第一歩として欠かせない要素となります。

図２は森がウォリアーズの部活動をどんな仕組みで運営しているのかを表したものです。

図２　森オーガナイゼーション

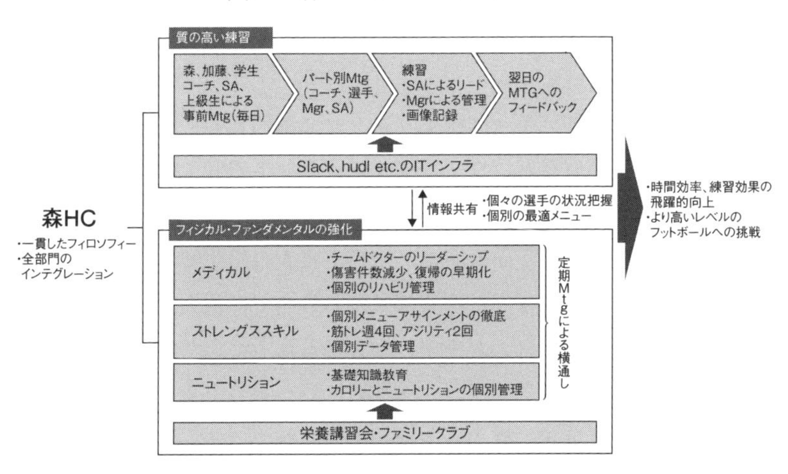

活動はその時間軸で大きく２つに分かれます。ひとつが日々の練習の流れで、もうひとつがトレーニングやメディカル、栄養といったもう少し長い期間を要するベースの部分です。

練習は事前のミーティングを通じて入念に準備されます。このミーティングは森、その他のコーチ、そしてスタッフにより構成されますが、ここでスタッフが大きな役割を持ちます。スタッフ（50名）は、マネージャー、トレーナー、SA（戦略・作戦スタッフ）の３つからなりますが、彼ら、彼女らがデータの収集、分析を連日行い、ミーティングのための資料をまとめ代表者が自らミーティングに参加します。

このミーティングでの議論を通し綿密な練習計画が策定され、これがコーチ、スタッフの主導で練習の場で実行に移されます。練習は常に分単位で管理され、全体の流れを仕切るのがマネージャー、一方で

SAは各パートのその日の課題を確認しながら、選手たちに指示を出したりコーチに進言するなどしていきます。また学生トレーナーたちは練習中の選手の状況をフォローしながら、ケガ等で別メニューを進める選手をone on oneで指導していきます。そしてこの練習の様子はマネージャーによりすべて動画で記録され、翌日のミーティングに活かされていきます。

これらの機能に加えて一昨年よりスタッフ部門としてマーケティングチームが新たに結成され、ウォリアーズブランドの向上や企業協賛等の活動で貢献しています。

これらスタッフの多くが女子で、全員が東大の学生です。ずっと以前には運動部のマネージャーと言えばほんの数名で、他大学の学生の場合も多く、いわゆる部活動のお手伝いをしてもらっていた時代もありました。でも今は違います。

これらスタッフは正に森ヘッドコーチの右腕で、チームの頭脳であるとともに強力なエンジンとなっており、チーム力向上の重要な部分を担っているのです。その中でもマネージャーたちはスタッフ部門全体をまとめながら選手とスタッフ間のコラボレーションを統括していく、言わば組織の神経系を司る重要な役割を担っています。

彼らの機能をフルに活かしながら森は毎日の練習を組み立てていきます。ここで夏合宿での活動の例をひとつご紹介しましょう。

■具体例 — 夏合宿

合宿ですので午前も午後も練習があり、昼や夜にはミーティングもあるという忙しい日程になります。午前中の練習も上記のように事前に作った綿密な計画に基づき分刻みで進み、その様子は逐一映像に収められていきます。

午前中の練習が11時過ぎに終わり、選手はシャワーを浴び昼食に入りますが、森をはじめとするコーチ陣とSAの学生たちはそのままミーティングとなります。このミーティングで特に試合形式(スクリメージ)の部分について、午前中の映像を逐一チェックします。プレーによっては何度も繰り返して見ながら、森がひとつひとつのプレーについてどんどんコメントを述べ、その内容を学生スタッフが記録していきます。全体を見終わった段階で森から総括的なコメントがありこれも記録されます。あっという間に2時間が経過し、ようやく彼らは昼食をとることができます。

そして昼食後、学生スタッフの責任者がオフェンス、ディフェンスに分かれ選手たちとミーティングを持ちます。先ほどの森のミーティングでのコメントのフィードバックをするためです。実際の映像を見せながらコメントの内容、その意味、背景、今後のアクションについて選手に語り、また選手からも意見が出てディスカッションとなり、これらの内

容が今度は午後の練習に活かされていきます。

運動部というと選手のイメージばかりが先行しがちですが、現代フットボールにおけるスタッフの位置づけは一流チームとなるための必須の要件です。このスタッフの仕事を4年間経験することによる学生の成長にもすばらしいものがあります。この組織運営はまるでひとつの企業のようであり、会社組織のミニチュア版のようにも見えます。その中でトップ（森ヘッドコーチ）の間近にいて、戦略展開上の重要な部分を担う経験は貴重で、彼ら、彼女たちの仕事ぶりを見ていると、そのまま企業に連れていって使いたくなるほどです。

さて、こういった毎日の積み重ねで選手たちを育成していくわけですが、一方でチーム力向上のためのベースとなる少し長いサイクルで動いていく部分があります。それがメディカル、トレーニング、栄養管理です。

■メディカル体制

メディカルには2つの側面があります。ケガが起きた場合の医学的なフォローと、その後の回復プロセスへの医学的なサポートです。東大病院の現職医師をはじめ4名の医師がチームドクターとして登録しており、また選任のトレーナーを雇用するとともに理学療法士と契約を結びリハビリの強化を図っています。

試合には必ず複数のドクターが参加しケガ発生直後の対応をするとともに、その後の専門医による診断等の指示を出します。この指示に従い診断を得た後は、専門医やチームドクターの考えを元に個別のリハビリ計画を立て、担当学生トレーナーがアサインされ、計画に基づいた個別メニューを進めていきます。この学生トレーナーの知識と責任感のレベルは非常に高く、選手たちも彼ら、彼女たちの指導にきちんと従ってい

きます。

かつてはケガとなれば練習を休み、グランドに足を運ばなかったり、来たとしてもじっと仲間の練習を見ているだけという時代もありました。しかし今では、ケガがあっても基本的にはグランドに来て、与えられたリハビリ計画をトレーナーの管理の下で進めていくのです。

ケガをした場合、いつ全体練習や試合に復帰するかについてはドクターの専門的判断を仰ぎ、「大事な試合だから」とか「本人がどうしても出たがっているから」というような理由だけでコーチが決めることはしません。その中でも脳震盪、頭部外傷については特別に厳しいルールを部内で決め、日本臨床スポーツ医学会・学術委員会・脳神経外科部会の提唱する「頭部外傷10か条」を守ることを自らに課しています。

森はファミリークラブの席でこう発言しています、

「例えば4日後に今シーズンで最も大事な試合がある場合でも、もし4年生のエースQB（クォーターバック）に脳震盪の疑いがあり、部内ルールで4日後の試合出場がNOと判断される場合、何があってもこの選手は出しません。本人がどんなに出たいと言ってもダメです」

「1年間これだけがんばってきたのに」「チームが勝つことは皆の願いだ」「本人だって4年間この試合のためにがんばってきたようなものだ」「もしこれで負けたら本人が一番つらいはずだ」などなど、運動部関係者の胸の中にはいろいろな気持ちが湧きおこってくるでしょう。だからこそ明確なルールを定め自分達を縛っていく必要があるわけです。

これまで学校の運動部では学生の故障に対して十分に医学的なフォローを行わず、痛みをこらえてプレーすることをむしろ礼賛する空気すらありました。これには運動部のタテ社会的プレッシャーも関わっていますが、運動部を取り巻くステークホルダーたちからの勝利への期待の声も同じ圧力を呼んできたと思います。スポーツだけでなく日本社会全体に「倒れるまでがんばれば許す」風土がまだ根強く残っています。高校野球の投手の球数制限がようやく話題になってきましたが、いまだに賛否の議論をしている段階であり、学校スポーツの指導者たちには、学生の将来を第一に考えた育成方法をぜひ取り入れていただきたいと思い

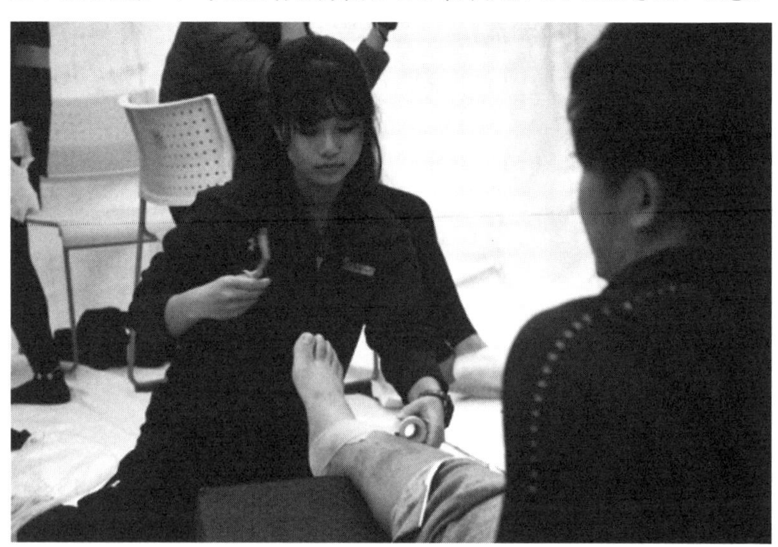

ます。

このメディカル体制に並ぶのがトレーニングと栄養管理です。これらについてはすでに「第２章　『心技体』ではなく『体技心』」でご紹介したとおりで、㈱ドームの力強いサポートもあり専門指導者による科学的、計画的な指導が行われ、すでに大きな成果が出てきています。

■まるで会社だ

こういった活動体制や各領域の専門家の活用は、強豪校では今や当たり前のことなのかもしれませんが、40年ぶりに部活動の現場を見た私には驚きでした。「まるで会社だ」というのが正直な印象でしたが、さらなる驚きは、形だけでなくこのウォリアーズの組織に見事に血脈が通い、スムーズに動いていたことでした。

実際のところ、森には苦労があったと思います。

彼が受け取ったチームは強豪校のレベルからはまだ遠く、部員や関係者の意識も彼の望むレベルからは距離があったはずです。

彼自身に実績があるとは言っても他校出身であり、ウォリアーズに多くの知り合いがいたわけではありません。ご存じのように各運動部にはそれぞれ特有の文化と風土があります。しかも、当時プロコーチは実質的に彼ひとりであり、組織をスムーズに動かすために学生コーチ（5年生、大学院生）が大きな位置を占めていました。しかし、その学生コーチたちもそれまで森の指導を受けてきたわけでなく、「森イズム」を初日から理解できたとは到底思えません。その一方で周囲の期待はいやが上にも高まります。「鳴り物入りで入ってくる有名指導者」vs.「固唾をのんで迎える学生」、こんなシチュエーションから始まった森体制です。

そんな中、彼は実に自然に、当たり前のことを分かりやすく語りかけ、学生たちを引きつけていきました。体制作りが想定以上にスムーズにいった根底にあるのは、森が早々と学生との間に信頼関係を作ったことだと思います。

ビジネスの世界にいた私は、そこここで森に有能な経営者の臭いを感じます。そもそも企業と運動部には類似点がたくさんあります。どちらも多くの人がひとつのところに集まり、共通のゴールに向かう集団で、それを構成する個々の人はそれぞれ違う役割を持ち、違う価値観や個人のゴールも持っています。リーダーはこういった人たちのモチベーションを高め、全体として同期を取り、リソースを最適に配分することによって効率的にゴールを目指さなければなりません。

学生や関係者との信頼関係を築き、体制作りをしていく上で、森が示した姿勢や行動には、優れた経営者に特徴的なそれとのオーバーラップがいくつも認められるのです。自らゴールを示し、説得力のあるメッセージを一貫して送る。全体をいくつかのファンクションに分け、各ファン

全体ミーティング

クションのリーダーの責任範囲を明確にし、実行においてはデレゲーション（権限移譲）を進め、基本的に日々の活動は彼らに任せ、彼らの判断をリスペクトする。定期的な face to face のコミュニケーションをルーティン化するとともに、IT ネットワークを駆使して、基本的な情報はなるべく全員での即時シェアを進める。データやファクトを重視し、これらを重要な決定のベースとするとともに、決定のロジックについて関係者に分かりやすい説明をする。最適なリソース配分をすることを意識している。中でも時間というリソースに対して意識が高い。すべてにおいてリーダーシップを明確に示すとともに、最終責任は自分にあることを明言している。そして、逃げない。

■ Comment

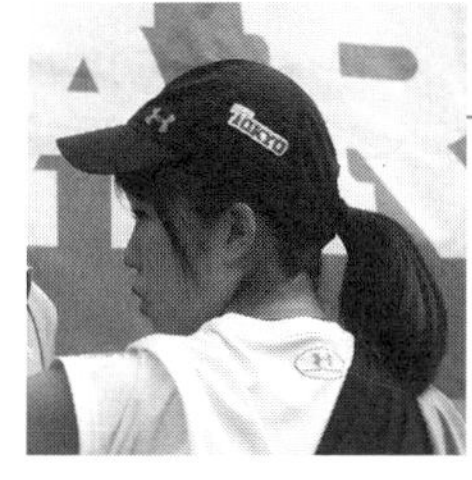

甲府方　ひな子さん

2019年度　主務（スタッフの統括責任者）

「選手もスタッフもコーチも、フットボールの下では皆平等だ。それぞれ違う役割を持っているだけで、上下関係ではない」

私がこの意識を持つようになったのは、森さんがヘッドコーチに就任されてから少し経った頃でした。

私が２年生に上がる時、チームは新体制になりました。その頃は「新しい監督とヘッドコーチが来るらしい」といった程度の認識で、あまり深くは考えなかったものの、環境が変わることに対する漠然とした不安は感じていました。

しかし、徐々にその不安は消え、次第にウォリアーズのこれからに期待感を持つようになりました。そのきっかけはいくつもあったのですが、その中でも冒頭で紹介した言葉を強く意識するようになった出来事を紹介します。

新体制が始まったばかりの2017年の3月頃、授業の関係でマネージャーの人数が少なかった日の練習中、ビデオ撮影に使うための脚立を私はひとりで運んでいました。なかなかうまくいかず手間取っていると、森さんがスッと横から来て脚立を代わりに運んでくれたのです。ヘッドコーチにこんなことをやらせてはと慌てて脚立を持ち直そうとする私に、森さんは「手が空いていたから運ぶんだ」というくらいの普通の様子でそのまま脚立を運び、特別なことをしているという雰囲気が全くなかったのです。

それまでは1年生だったこともあり、ヘッドコーチや監督、コーチといったいわゆる「大人」の方々は、選手、スタッフよりも「上」の遠い存在だと思っていましたが、そうではないんだと意識させる場面や出来事を積み重ねる中で、考え方は変わっていきました。

コーチも選手もスタッフも、勝利に向かうときのアプローチの仕方は違っていても、それぞれは「役割」であって、これらの役割が集結して強いチームを作る。だからフットボールという競技の下では皆平等であると認識するようになったのです。

ただ、森さんのメッセージをこのように理解できるようになるまでには一定の時間がかかりました。2年生の私でもそうだったので、これまで何年も違う環境にいた先輩方には尚更時間が必要だったかも知れません。

それでも森さんから繰り返し言葉をかけられ、それを自分自身の中で咀嚼し、周囲と意見も交わして更に考える中で、次第に自分たちのものとして体感するようになってきたのです。今年（2020年）の現役は1

年生から４年生まですべて森さんの指導の下でやってきた部員となります。きっと私たちよりも、更に自然に森さんのメッセージを理解し、自分たちのものとして行動していけるのだろうと思います。

森さんからはたくさんのことを学びました。今回ご紹介した話もそのごく一部に過ぎません。これら森さんの教えのベースにある考え方が、私にとってもチームにとっても最も大きな学びです。それは「自分で考える姿勢と習慣を持つこと」です。

与えられたものを何も考えずに愚直にこなすのではなく、その意味を考えて実行すること。チームの勝利に貢献するためには、自分に何ができるかを考えること。これらは今では当たり前のこととして部員の心の中にあります。こうした「考える文化」がさらに深まりウォリアーズの伝統となっていく過程で、チームの水準はさらに上がり、日本一を目指せるようになるのだと思います。

第7章

執念

■勝利への執念 ― 森清之が称えたプレー

2018年度のシーズンが終盤となったところで、6戦全勝のウォリアーズは桜美林大学戦を迎えます。桜美林大学も6戦全勝、勝った方が来年度TOP8（関東学生アメリカンフットボール連盟の最上位リーグ）への自動昇格が決まるという大一番でした。満員のスタンドの中での試合です。

前半が終了した段階でウォリアーズは9対14のビハインド。巻き返しをと意気込んで後半に臨みます。最初のプレーはこちらからのキックオフ、桜美林大学のリターンです。

フットボールでは、前後半の最初や点が入った後、キックオフとなりますが、両者が距離を置いてスピードに乗り、正面から激突するというなかなか見ごたえのある場面になります。キックオフでボールを蹴り込まれた側のチームが自陣の30ヤードくらいまで戻せばまあまあ、それ以上、たとえば敵陣に入るところまで行けばビッグプレーとなります。

前半でリードを許していたウォリアーズは最初のディフェンスで相手をきっちりと止め早く反撃に転じたいところです。ところが、この最初のキックオフで独走を許し、自陣深くまで走られてしまいます。何とかゴール前3ヤードというギリギリで止めたものの、ベンチやスタンドには「これはもう仕方ないから次に切り替えよう」という空気が漂います。

ところがこのあとウォリアーズのディフェンス陣が執念を見せ、相手の4回のプレーを何とゴール前1ヤードで止めるという大殊勲を上げます。そしてオフェンスが奮起し逆転し、その後の追い上げも再び食い止め、試合に勝利、ウォリアーズは悲願のTOP8昇格を掴みます。

試合のポイントは何と言ってもゴール前1ヤードで止めたディフェンスの集中力と踏ん張りだった、とだれもが感じていたと思います。

しかし試合後、森がこの試合の最も大きかったプレーとして挙げたのが相手のキックオフリターンをゴール前3ヤードで止めたタックルだったのです。

相手のロングゲインでゴール前10ヤード以内に攻め込まれたら、たとえそこで止まっても「もうダメだ」と思ってしまうのが人情です。私もそう思いました。でもこれは森からすると「観客の目」なのです。

森が掲げる哲学は「あらゆる努力をし、あらゆる可能性にかけて勝利を掴む」ことです。試合の展開で何が起きるか分からない、すべてのチャンスを使って相手を倒すことです。あのゴール前3ヤードのタックルがあったからこそ、その後のディフェンスの踏ん張りが生まれ、さらに逆転TDのプレーが生まれたのです。

森がシーズンを通して教えてきたこの「勝利への執念」を最も如実に、端的に実行したのがあのタックルだったわけで、だからこそあえてこのプレーを最も大事なプレーとして取り上げ学生に強調したのだと思います。

森は強豪校との練習試合のあとのハドルでよく「タラレバ」の話をします。強豪校との試合はまだ負けが多いわけで、どんな条件が整えばこの試合は勝つことができたかという話です。一見後ろ向きの話にも聞こえます。

典型的昭和のアスリートである私からすれば「負けは負け、素直に認めて一から出直すのが成長の源」と思ってしまいがちです。

しかし、森は本気でこのタラレバを聞かせます。もちろん「うちがもっと強かったら」などという話はしません。ウォリアーズの今の力をきちんと発揮していればできたはずのプレー、それができていなかった場面を細かく取り上げ、それについて克明な分析をし、それができたとしたら試合の局面はどう変わっていったかという類の話です。これには説得力があります。

勝利を得るということがどれだけ大変なのか、どれだけの要素を積み上げていかないと届かないのかを教えるとともに、もしこれらのひとつひとつの要素を全部積み上げれば勝利に届く、つまりこちらにも勝機があるということを納得させるわけです。

学生がこの執念を体の中に叩き込むことができた時、ウォリアーズは一段と強くなるはずです。森の言う体技心の「心」の部分です。着任して3年目となった2019年度の春シーズン、森はそれまでの「体技」の話一辺倒から、ハドルでも「心」の話をするようになりました。それだけ体技の基礎ができてきたという判断があったのかもしれません。あるいはいよいよTOP8での戦いを迎えて必要とされる「執念」の部分を教え始めるということもあったのでしょう。

■原田泳幸の執念

原田泳幸氏　宮崎シーガイアトライアスロンにて（当時64歳）

原田泳幸が、ベネッセのCEOを退任し、一時期社外取締役や顧問、あるいはセミナーの講師などを中心に活動するようになったころ、ある拍子に私にこんなことを漏らしたことがあります。

「社外取締役とか顧問とかをやっていると、何度言っても分かってくれなかったり、分かっているはずなのにやらなかったり、こちらは我慢するのが大変だ。自分でボールを持って走りたくなるよ」

「でも、CEOをやっていた時の、あの24時間いつも何かを考えているという緊張感から解放されてみると、やっぱり内心ホッとした感じだな。あれをまたやるとなると相当なエネルギーがいるしなあ」と。

10年近く毎日間近にいましたが、経営者としての彼の態度や行動にブレを見たことはありません。淡々と、隙がなく、市場を分析し、人を観察し、何年か先までを頭に入れ、感情に流されず、人へのリスペクトは忘れず、会社として結果を出すことに常に集中しているのです。

60才でタバコやめ、毎日10kmのランニングを自分に課し、専門トレーナーをつけてトレーニングを行い、東京マラソンでは4時間ちょっとで完走し、トライアスロンにまで挑戦した、それこそ鉄の意志を持っているように見える人です。

そんな原田にとっても、やはりあのころのプレッシャーはすごいものがあったのでしょう。あるいは、彼自身が自分にものすごいプレッシャーをかけていたということかもしれません。経営者の仕事にゴールはなく、成長してもすぐに次の成長が求められる、山頂も踊り場もない道のりです。本気でその責任を果たそうとすれば生半可な覚悟やエネルギーでは続けていけません。

急成長の結果、マクドナルドは全国で16万人のパートタイムの社員を抱え、全国3,000店を超す店舗には年間延べで16億人の来客がありました。そしてそれがさらに増加しとてつもなく大きなブランドとなり、社会経済に与えるインパクトも一層大きくなっていったのです。

しかし順調であればそれだけ周囲から「次は？」の期待が高まります。

「調子のよいときこそ変革のチャンスなんだ」と彼はいつも言っていました。経営に終着ポイントはない。企業は常に成長することを宿命づけられている。しかも、自分たちは調子が良いと思っていても周囲はどんどん変わっていく。だから自分たちの方から先に変わらなければならない。変わるには投資がいる。だからこそ、物事が上手く行きリソースに余裕があるときにこそ次の手を打つんだという考えです。

しかし「言うは易く」で、現在機能している勝利の方程式を変えようと提案しても、社員はなかなか乗ってきません。必ず社内で反対や抵抗が沸き起こります。こういうとき、ふだんはあまりロジカルでない人たちほど急にロジカルになるもので、できない理由を声高に発し、下手をすると議論がうやむやなまま「とりあえず変えない。様子を見よう」ということで落ち着いてしまったりもします。

しかし、原田は「できない理由はチャンスだ」と説きます。

できない理由がロジカルに展開されたらチャンスだというのです。どんな条件がクリアされれば実行できるのか、そこに判断の材料があるからです。おそらくクリアするには簡単ではない条件が多いでしょう。皆で寄ってたかってロジカルに防御した結果なのですから。その条件をクリアするためには多くの投資が必要になるかもしれないし、時間もかかるかもしれない。でも、その条件をクリアすればゴールにたどり着けるとしたらそれは大きな発見なのです。

そしてここからが本当の経営の仕事になります。リーダーシップと言えば簡単ですが、ゴリ押しすれば、チームワークに禍根を残したり、面従腹背が起きて実行段階に齟齬が出たりもします。どうやってワンチームであるべき方向に動くか、ここまで来るといかに経営が執念を持っているかにかかってくる気がします。

もし経営者のメッセージがただ単に「1円でも多く儲けよう」というような中身だったら社員はついてこないでしょう。しかしトップの掲げるゴールには価値があるんだと共感でき、経営者がそのゴールに向かってブレることなく執念を持って突き進んでいるのを見ていれば、社員は最後には必ずついてきます。なぜその努力をするのか、その意味がよく分かるし、自分達もそれに参加することに価値を見出せるからです。

言うまでもなく、経営の発想の原点として大事なのは「何ができるか」ではなく「何をすべきか」です。そして何をすべきかが明らかになったとき、経営の真価が問われます。いかに社員を夢中にさせて一緒にゴールに向かっていくことができるか。原田と一緒に仕事をして、経営の醍醐味を味わうことができました。

■ビジネスパーソンとしての執念

経営者に限らず、会社で働く者にとっても、執念を燃やして夢中で仕事ができればそれは楽しいはずです。

仕事を成し遂げようと必死でがんばりゴールにたどり着いたときの喜びは大きく、何よりそれに至るプロセスにこそ仕事の醍醐味があります。情報を集め、頭をフル回転させ、仲間と侃々諤々の議論を交わし、関係者に頭を下げながらもこちらのペースに引きずり込み、ついにゴールに到達する。この中に自分の成長があり、仲間と成果の共有もでき、失敗の笑い話もむしろ後になれば胸に心地良く響きます。

しかしながら、企業のビジネスパーソンとして執念を燃やして夢中で仕事をすることに、いつの間にか「自己犠牲」とか「健康を損ねる」というようなネガティブなイメージがついてきてしまった気がします。その結果、企業の中の仕事のシーンでのワクワク感のレベルが低くなってしまったのではないかと心配です。

これまで何社もの企業で、さまざまな年代の人たちとコミュニケーションするチャンスがありましたが、多くの人たちが「夢中で働く」ことを求めています。若者たちも決してシラケ世代ではありません。彼らは今の環境では夢中になれないと言っているだけです。

なぜこうなってしまったのでしょうか？

その原因のひとつに、長時間労働とそれに伴う心身の健康問題やワークライフバランスの崩壊の問題があるようです。ここ10年ほどでしょうか、これらの問題が声高に取り上げられるようになりました。企業はこれに対処するために知恵を絞り、いろいろな対策を講じてきたはずですが、必ずしも本質的な解決には至らず、結果として、一定時刻でオフィスを閉めるとか、リモート勤務を増やすなど、まずは形だけでも導入してなんとか凌いできた部分があったのではないかと思います。

これに畳み掛けるように、3年ほど前からの政府の「働き方改革関連法」の動きがあり、本質的な解決策はさておいても、まずはこれら施策の指示に従わざるを得ず、結果自分たちの手足をもっと縛ってしまった感があります。

社員としても、仕事をきちんとしようとすると実際には長時間労働にならざるを得ない環境にいまだ置かれながら、総労働時間だけ短縮され、顔を突き合わせないと解決できない文化も根強く残っている中で在宅勤務が増えたりと、むしろ隘路に追い込まれた感すらあります。

こういう状況だと働くことのワクワク感は低下せざるを得ないでしょう。

もちろん、働きすぎによる健康被害は出してはいけないし、ワークライフバランスは社会全体の活性化のために是非とも必要です。それだけに、緊急措置だけでなく、本質的解決策が待たれるところです。

私は、ワクワク感低下の問題には、この「働き方改革」に加え、もっと本質的な課題があると思っていますが、同時に、実は労働環境（働き方）の問題も、ワクワク感低下の問題も本質は同根であり、両課題を前向きに解決していくことが日本の多くの企業の活性化につながると考えています。コロナがきっかけでリモート勤務等が促進されることは追い風ですが、企業の風土、文化の本質的変革が必要なのです。

これらの具体的な解決策の案については次章「第8章　リスペクト」でご紹介させていただきますが、大切なのは現場の社員が活き活きと活動できる環境を作ることです。そうした雰囲気の中で、社員自身が自分の時間を自分の意思でコントロールしながら業務ができる風土になれば、またこの風土を職場全体がコンセンサスとして受け止める環境ができれば、問題となっている多くの課題も自ずから解決するだろうと感じます。当然ながら基本的な法制度の整備が並行してなされることは必要ですが。

しかし、こういった企業文化の転換には相当なエネルギーが必要になります。会社という所は多くの人たちが集まり集団で物事を進めていく場ですので、どうしても社会全体が持つ価値観や行動様式の影響を強く受けます。社会で美徳と認識されている価値観を、企業の現場だからといって否定したり変更したりすることは容易ではありません。

このように、企業が変化しようとする時によくぶつかる「既存の価値観」の例を2つほどご紹介したいと思います。

■会社と社員の関係

ある会社の取締役会でこんな経験をしたことがあります。

長年急成長をしてきたこの会社では、毎年2桁成長をするのが当たり前となり、いわゆる数字ありきの事業計画が毎年設定され、成長を支えるための人材育成や採用戦略が後追いになっていました。そしてこのしわ寄せが現場に蓄積されていたのです。

私が「すでに現場の社員は疲弊している。将来の成長を維持するためにも、現場人材の現状を棚卸し、将来に向けての人材育成戦略を経営としてよく議論する必要がある」と提起したのですが、本質論に入る前に

「現場の社員が疲弊」という言葉が取り上げられ攻撃の的になってしまいました。

曰く、「経営側が自ら『現場が疲弊している』などと言ってはいけない。社員には常に会社に対し最大限の貢献をするよう教えなければならない。例えば事業がうまくいかず先が見えない時には、社員は土曜でも日曜でもとにかく会社に出てきて、『自分としてできることをやろう』という雰囲気を持たせることが経営として大事だ」

この考え方に何人かの役員が同調し議論はあらぬ方向に進み、結局のところ、そもそもの人材育成議論はできずに終わってしまいました。

「それぞれの立場でやれることをやろう」というフレーズがあります。結構多くの場面で使われ、経営としては都合の良い表現ですし、何よりこのフレーズの強みは､建前上は誰にも反対できないというところです。しかし、実際には社員は「まずは経営としてやるべきことやってくれないと」と思っていることが多いのです。

実はまだまだ「社員は会社に奉仕すべき」と考えている経営者が多くいます。上記の例ほどの明確な発言は少ないものの、私自身、多くの経営者の深層心理の中にそれを見てきました。「社員の『会社のために』という思いが会社というものの一番の原動力だし、結局それは社員の幸せにもつながるはず」と。しかし、哲学的な議論はさておき、今の時代にこの考え方で皆がハッピーになる構図はどう考えても出てきません。

■ヘッドスライディング

もうひとつ、野球での例をお話しさせてください。何度か述べたように、スポーツの指導と会社経営には共通項が多く、この話にも会社での働き方を考える上で面白いimplication（含蓄）があると思いますので。

私たちの好きな高校野球のシーンのひとつに、ファーストへのヘッドスライディングがあります。必死で、一歩でも先に、全身を投げ出してファーストベースに飛び込み、ユニフォームは泥だらけになる。感動的なシーンのひとつです。

しかし、一生懸命な気持ちに水を差す気はないのですが、ヘッドスライディングを選択することが正解なのかどうかについては疑問が残ります。タッチプレーが伴う場合にはいろいろな形のスライディングをトライするべきでしょう。でもファーストはフォースプレーです。少しでも早くベースにタッチすることが大事で、おまけに駆け抜けることが許されています。正確な計測は分かりませんが、専門家は駆け抜ける方が早いだろうと言います。また暴投などのエラーがあったとき、次の塁を狙うためには立った状態の方がおそらく有利でしょう。

それでも9回の最後の攻撃になるとなぜかヘッドスライディングが増えるのです。ひとつには選手たちの必死な気持ちがそうさせているのでしょう。気持ちが先に行ってしまい態勢が前のめりになって最後は倒れ

ながらヘッドスライディングというパターンです。

これを私たちは「すばらしい執念」と称えますが、試合に勝つためには少しでもセーフになる可能性の高いプレーを選ぶべきで、本当は駆け抜けるべきなのです。もし、試合の後半になって体力が落ちたため駆け抜けられず飛び込んでしまったということであれば、それは育成の失敗、チームとしての準備不足であり、試合の後半になっても前半と同じスピードで一塁を駆け抜けることのできる体力と走力を作ることが本当の「勝とうという執念」です。私は、球児たちがヘッドスライディングをしてしまう深層心理に、大人たちから常日頃受けている教育やプレッシャーがある気がします。それは「一生懸命にやっていることを行動で示せ」というメッセージです。

スポーツ新聞の大見出しのフレーズには「死力を尽くして」「執念を燃やして」「倒れながらも」といった表現が踊り、読者の購買意欲をそそります。スポーツそのものは、プロであれアマチュアであれ、観客から見ればショーの要素があるので、観客側のこの気持ちに何の問題もありません。ただ、この「風土」がアマチュアスポーツの世界にも厳然として残り、指導者や関係者の気持ちをいまだに支配していることに課題があると感じます。

さて、ひるがえって私たちの会社の働き方も、このファーストへのヘッドスライディングと同種同根の風土に影響を受けていると思います。お互い「がんばっていること」を見せ合い示し合うことが暗黙の了解事項になっており、これが集団としての団結力や間合いの維持に大きな役割を果たしているのです。そんな中で、長時間労働をしたり、体調が悪くても出勤してくることは、実は最もわかりやすい「がんばっている」のサインになっているのかもしれません。

こういった旧来の「美徳」から抜け出して、会社と社員がもっとビジネスライクな信頼関係を築き、それでいて人と人とのつながりが会社のベースとなっているような、言わば社員がプロになり、その社員の心がプロとして活性化されている職場をどう作るか、そしてその中でワークライフバランスの取れた環境をどう維持するか、これからの経営者が真剣に取り組むべき課題です。

■ Comment

伊藤　宏一郎さん

2019年度　副将／QB（クォーターバック）

森さんがヘッドコーチに就任して3年、ウォリアーズ2019のTOP8挑戦が始まりました。チーム事情を鑑みれば、TOP8リーグの中でも数校の上位校相手には戦力やプレーを温存し、下位校だけに勝ちにいくというのもひとつの選択肢でした。4年生の中にも迷いがあり、「本当に日本一を狙うのか」「現実的な目標として信じているのか」何度も話し合いました。

そんな私たちに森さんは「一戦必勝、全試合全力で勝ちに行く」と明言したのです。そしてそうするためにいかに私たちの気持ちの部分が大切であるかを強調しました。

これは決して根性論ではありません。アメリカンフットボールをするための体力や技術、これを上達させるための具体的、合理的なあらゆる努力をした上で、最後に大事になるのが「勝とうという気持ち」だということです。

新しい挑戦に「本気で挑もう」とする決心は必ずしも合理的判断で行

うものではありません。同じように、最後の段階に来て高い壁を目の前にし、これをぶち壊そうと思い切り当たっていくのも決して合理的判断で動くわけではないのです。大事になるのは「気持ち」なのです。

私たちはそれまで２年間、森さんの指導の下、勝つための努力を毎日毎日積み重ねて来ました。そういったベースがあっただけに、森さんからの「気持ち」のメッセージはとてもスムーズに心に響いたのです。

2019年度のシーズンは結果的には１勝５敗に終わってしまいましたが、一戦必勝ですべての試合を勝ちに行ったことで、自分たちとTOP8との差がどこにあるのか明確に認識することができました。どのチームも強かったけれど、決して手の届かないところにいるわけでないと感じたし、通用する部分としない部分を、１年間全力で戦い抜くことで浮き彫りにすることができたと思います。そして我々のこの経験は必ず次代のチームへと引き継がれていくと思っています。

森さんがヘッドコーチとして東大アメリカンフットボール部に来たのは私が２年生になったばかりの時です。それまでは、「日本一を目指そう」となんとなく思ってはいたものの、「そのためにどんなQBになるべきなのか、何が正解なのか」自分の中ではわからない状況でした。そんな時にグラウンドに現れた森さんに私は飛びつき「答え」を求めようとしました。

しかし森さんは「自分で考えてその答えにたどり着く」ことを説いたのです。森さんは部員全員に常に「自分で考える」ことを要求します。「アメリカンフットボールというスポーツは非常に合理的なもので、経験を積んでいけば誰が考えても同じような答えに行き着くようにできている。だからこそ真剣に考えることを繰り返し、正しい答えを得ることのできる力をつけなければだめだ」と。

それから、私は各プレーにおいて最善の選択は何か、まず自分で考え、その上で「森さんで答え合わせ」をするようにしました。これを続け、自分で考えることを習慣化することで、しだいに自分と目標との差を埋めるためにどのような練習が効果的かを理解できるようになり、主体的に練習を選択、実行するようになってきたのです。この習慣は自分のアメリカンフットボールの基礎になり、きっとこれからの人生の基礎にもなってくれると思います。

私は森さんの指導を直接受けることができた数少ない恵まれたQBのひとりです。ウォリアーズでの経験を通じ、フットボールのことはもちろんですが、それだけではないさまざまなことを学び、人間としても成長することができたと思います。

アメリカンフットボールを大学で始め、ウォリアーズでアメリカンフットボールをすることができて、私は幸せだったと卒直に感じています。

ウォリアーズは私にとってこれ以上ない学びの場であったと同時に、日々刻々の幸せを与えてくれた場でした。

第8章

リスペクト

第７章で「会社で夢中に仕事ができる環境が少なくなった」というお話をしましたが、なぜこうなってきてしまったのか、どうすればここから脱することができるのかについて私自身の考えをご紹介したいと思います。

この章ではフットボールのことよりビジネスの話が多くなります。また、少し長く、細かい話も出てくるのですが、辛抱してお読みいただければ幸いです。

ウォリアーズが掲げる理念「未来を切り拓くフットボール」

■なぜ社員は元気を失ったか―「リスペクト」と「契約的信頼関係」

サラリーマンがハッピーな時代がありました。少なくともバブルがはじける前まではそうだったと思います。しかし今の勤め人は幸せに見えません。元気もありません。これが日本企業の元気のなさと重なります。

昔の勤務は今の定義でいえば結構ブラックでした。総労働時間も今は劇的に減っています。以前は土曜が半日出勤の時代さえありました。また、物理的な生活レベルも金額で表せばかなり低かったはずです。

それでもサラリーマンの将来は明るいものでした。社会全体が成長しているという追い風もあり、会社もずっと伸びていくものと皆思っていました。自分のリタイアまでの絵を描き、それを信じてローンを組んで家も買いました。

そのころ、特に大企業に勤める人たちにとって、キャリアとは社内で自分が歩んでいく道のことであり、そのキャリアを目指してがんばることができました。周囲はライバルであると共に仲間でもありました。この勢いが、世界を驚かせた日本企業成長の原動力の大きな部分であったことは間違いありません。しかしこの仕組みがいつしか壊れてしまいました。世界経済の波に追いつこうと何とか方向転換はしたものの、国際的な位置づけは下がり、以前のような成長基調の企業が少なくなってしまいました。企業は変化することが宿命ですが、それまでの量的な急速拡大という変化には乗ったものの、質的な多次元にわたる変革のドライブができなかったというべきでしょうか。結果、サラリーマンは社内で自分のキャリアを描けなくなってしまったのです。

日本人が元来持っている力やこれまで先達が蓄えてきた歴史を考えれば、もう一度日本企業全体が力を発揮して、以前のような輝きを取り戻したいものです。そのためには働く人たち、ビジネスパーソンたちが今一度元気と輝きを取り戻すことが必須です。では、どうすれば今日的環境の中で、今一度日本のビジネスパーソンがハッピーで前向きなエネルギーを持って働くことができるようになるのでしょうか。そのためには2つのキーワードがあると私は思っています。それは「リスペクト」と「契約的信頼関係」です。

「リスペクト」とは経営者が社員をプロのビジネスパーソンとして認め、相応の扱いをし、プロにふさわしい環境を提供すること、そして社員もプロの自覚を持って自分を律していくこと、一方で「契約的信頼関係」とは、経営者と社員が互いへのリスペクトをベースに、働く上での約束事を明確な形で交換しておくことを意味します。

■社員への「リスペクト」の意識とは

＊ビジネスパーソンにとってのキャリア

ビジネスパーソンにとってキャリアは大切です。こんな道を歩いていきたいと追い求めること、これがビジネスパーソンの原動力です。しかし社内だけではそのキャリアを描きづらくなっています。この結果、やる気があって力のあるビジネスパーソンが、人材市場に機会を求め、複数の会社を渡りながらその道〈キャリア〉を達成しようとすることが特別なことではなくなってきました。

こうしてビジネスパーソン側には自分の考えや責任でキャリアを作っていく意識を持った人が増えてきました。プロとしてパフォーマンスを発揮しながら常に自分の市場価値を上げていくことが自分のキャリアに直結するからです。これは至極当然なことで、ひとつの会社のお抱えで自分の人生を決めてもらうこと自体そもそも不自然だったのです。

ただ問題は、社員をプロとして扱おうというスタンスにある会社がまだ少ないこと、言わばビジネスパーソン側から見てプロが活躍する社会基盤が脆弱なことです。

＊経営者に求められること

経営者の重要な仕事のひとつは、会社の事業のゴールを明確にした上で、そこに到達するために現在の社員をどんな方向にどうやって育成するか、そして足りない部分は外からの採用で埋める、この計画とプロセスをきちんと作ることです。

しかし、このプロセスを戦略的に考え、計画し実行している経営者は残念ながら多くはありません。事業を進めてみてから人材が足りないことに気づき、慌てて好条件で採用する。このため結果として既存の社員は育成されず、事業の変化から外れてお荷物になってしまっている。言うなればその場しのぎの「人材計画」が横行しているのです。

もしかすると、経営者としての基本の教育を受けずに、会社の日々の事業への貢献の結果として経営のレベルに昇進した人たちが多くなってきたからかもしれません。

こういう状況では、社員には自分のキャリアは見えなくなり、たとえば今から５年間、自分にはどんな機会が与えられ、どれだけビジネスパーソンとしての市場価値を上げることができるか見当もつかなくなります。中途で入った人たちもすぐこれに気づきます。プロ意識を持っている人から見れば「ここにいても意味がない」状況となります。

＊意味のある転職とは

転職で給与やポジションが上がって「得した」という話を聞くことが

ありますが、基本的に人の市場価値は転職によって上がるものではありません。自分の市場価値を上げ、それに見合ったジョブと出会い転職をすること、さらに上を目指すことのできる転職をすること、これが意味のある転職です。

転職が増えること、これは健全なことで、各ビジネスパーソンは自分のステージや市場価値に合ったジョブを見つけ、会社の方も今の事業に必要な人材を求め採用し、チームを常にリニューアルしていく。そのプロセスの中でお互い緊張感を持った信頼関係を結んでいくことで人材市場は活性化し、企業の事業展開を押し上げます。

ここで言っているのは、決して「短期間で人を入れ替えるべき」ということではありません。会社自体が、環境変化に対応し変化しながら成長する中で、常にクリアな事業計画と人材計画を持ち、この計画を遂行するために必要な人材を内外にフェアに求めていくということなのです。

これは決して使い捨てではありません。むしろその逆です。事業計画に連動した人材計画があるわけですから、十分な期間を取って人を計画的に育成することができます。企業にしてもすでに雇用し、その能力を認めている社員を育成して人材需要を埋める方が、リスク管理の点からもコストの面からもずっと良いはずです。かつ、これは社員からみて大変モチベーションの湧く状況であり、会社と社員の信頼関係構築にも大きく貢献します。また社員との信頼関係ができている会社は中途採用候補者にとっても魅力的で、良い人材が採れる原動力にもなります。

このように、企業が社員をプロのビジネスパーソンとして認識し、彼らの市場価値向上と会社の成長とを連動させようとすること、これこそが企業がベースとして持つべき社員への「リスペクト」の意識です。ではどうやってリスペクトの風土を作っていけば良いのでしょうか？

*リスペクトの実現

「うちは人を大切にしている企業」と宣言している会社は多く、人材をあえて「人財」と置き換えることも流行しています。しかし、本当のリスペクトを実現している会社は多くはありません。

リスペクトを実現するためのベースとして人事制度そのものはもちろん大事です。いわゆるメンバーシップ型からジョブ型に転換することがスタート地点になります。職能資格から職務等級への転換、新卒中心から中途採用拡大へ、市場価格重視の賃金水準などなど、このあたりは専門家から多くの情報が発信されています。

しかし、こういったアイテムが導入されてきてはいるものの、運用の段階になると旧来のマインドが色濃く顔を出し、せっかくの新制度が効果的に運用されていないのが現状です。新制度導入時には経営が「人財を大切にするため」という意気込みを宣言したりします。しかしそのことで、社員がかえってしらけてしまうことすらあります。残るのは人事コンサル

ティング会社からの多額の請求書だけという皮肉な結果が見えます。

長年染みついた風土・文化を変えるのは容易ではありません。新しい制度を入れても、そもそも運営の責任者である経営者や管理職は、これまで通りの世界しか経験していないことがほとんどです。

そこで、社員のリスペクトを進める新制度を本気でやろうとするならば、2つの重要なアクションを本気で進める必要が出てきます。

■事業計画と人材計画の連動
～「リスペクト」のための重要アクション

＊事業計画に綿密な人材計画を織り込む

ひとつは事業計画の中になるべく綿密な人材計画を織り込むことです。

事業計画を策定するとき、たとえば3年後のP/L（損益計算書）の数値はしっかりと作るはずです。売上、費用、利益の数値をどう組み立てるかブレークダウンし詳細な分析をして、ロジックをきちんと組み立てることはやるでしょう。

こうやって描いた事業計画を実行するためにそれ相応の人材が必要なことは当然ですが、人数の計算はしているものの、その内容についてはきっちりと詰め切っていない事業計画が多いのです。

例えばここに3年後にある数値を達成するための事業内容があります。その事業を遂行するための人数と人件費は当然計算します。しかし大事なのはその次のステップで、事業遂行のためのその人数の中身はどうなるか、どんなレベルのどんな技能の社員がそれぞれ何人ずつ必要となるか、この組み立てを実感を持って詳細に行うことが大切です。これには経営企画のメンバーだけでなく、事業の各パートの現場感覚を持つ社員も参加するべきです。

こうして3年後の目標の事業遂行のためのチームメンバーの詳細が、経験、技能等のレベルにより明確化されることになります。これを仮に3年後の「人材ポートフォリオ」と呼ぶことにします。

＊個々の社員のレベル、経験、技能の明確化

次は現状の社員のレベル、経験、技能を分析し明確化することです。この「現状」からさらに3年間の予想退社人材を除いたもの、これが出発点となり、この出発点と3年後の人材ポートフォリオのギャップ分析が次の作業となります。そしてギャップが明確になれば、このギャップを埋めていく計画が3年間の人材計画であり、活動の中身は育成と採用になります。(図3)

図3　人材計画の考え方

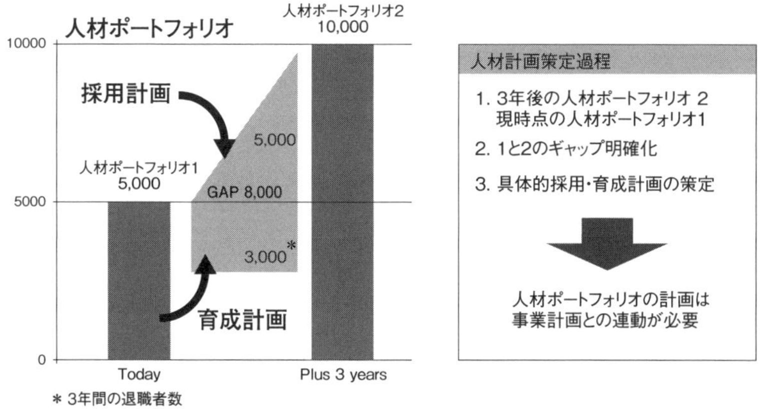

人材ポートフォリオ
人材ポートフォリオ2
10,000
10000
採用計画
5,000
人材ポートフォリオ1
5,000
GAP 8,000
5000
3,000*
育成計画
0
Today
Plus 3 years
＊3年間の退職者数

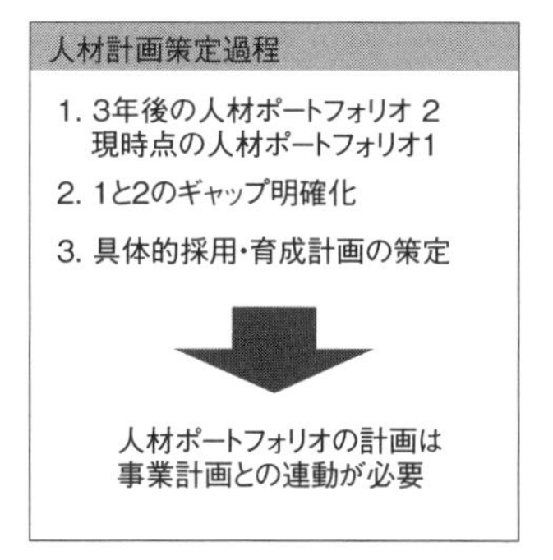

通常の事業計画は必ず採用数や既存社員の育成の計画も含んでいるものですが、ゴールでの人材需要を詳細まできちんと視野に入れた計画は滅多になく、この結果、社員の育成計画と現実とに齟齬が出たり、結果としてその場しのぎの中途採用や勢いで新卒数を決めるなど、アクションがバラバラになる原因になります。

■個別の社員との一貫したコミュニケーション　～「リスペクト」のためのもうひとつの重要アクション

＊双方向のコミュニケーションがとれているか

こうして、もし中期の事業計画にきちんとした人材ポートフォリオの概念が織り込まれていれば、既存社員の中からどんなタレントをどれだけ育成しなければならないかもクリアになってくるはずです。このゴールがあれば、会社は誰をいつまでにどこまで引き上げたいか、具体的なストーリーを作ろうとするはずです。そしてこの意図をそれぞれの社員にいろいろな形で伝え、育成のための計画についても双方向のコミュニケーションが起きてくる。これこそ会社と社員が一緒に成長しようという計画です。

ただ、これを前に進めるためにはもうひとつ乗り越えなければならないハードルがあります。それは会社と個々の社員とのコミュニケーションの部分で、ここがどうしても貧弱な企業がまだ多いようです。このコミュニケーションの強化が社員への「リスペクト」を進める上での２つ目の重要なアクションなのです。

ここで言うコミュニケーションとは、特別に新しいコンセプトのアクションのことではなく、すでにほぼすべての企業で制度化されているアイテムのことです。例えば個々の社員の年度毎の目標設定、中間・期末評価／フィードバック、評価の給与／昇格等への反映などの年間行事とともに、もう少し長期的な育成計画やキャリア計画といった部分のコミュニケーションのことです。仮に「評価・育成制度」と呼ぶことにします。

この「評価・育成制度」は、多少内容の違いはあっても、どこの企業でもかなり以前から取り入れられています。しかし制度の目的は立派で、額面通りに動けば行き届いたものであるはずなのに、実際にはその運用が形骸化しており、残念ながら「社員へのリスペクト」を果たすプロセスとして十分には機能していない場合が多いのです。

次にこのような、評価・育成について機能低下に陥っている典型的な企業の例をお話します。

＊おざなりな評価・育成プロセスの弊害

この企業では、毎期末、評価の時期が来ると、管理職（評価者）の多くは、忙しく時間のない中で何とか評価面談をこなそうと四苦八苦します。評価結果の説明も必ずしも納得のいくクリアなものでない場合が多く、評価を受ける側としてもおざなりの印象を持ちがちです。

その後の2次（最終）評価になると問題はもっと深刻になります。1次評価をもとに、同組織・同ランクの社員の評価は、結局のところ正規分布のベルカーブの中で並べられ、マジョリティが中間レベルの評価ゾーンに入ることになります。しかもこの2次（最終）評価のプロセスがきちんと個別社員に説明されず、結果だけが書類／メールの形で伝えられ、その結果、社員としては自分の評価について納得のいく基準を見つけられなくなります。

これに加え、期初の目標設定やその評価基準があいまいなことで、結局、評価のコミュニケーション自体もあいまいな雰囲気に終始してしまうのです。

そしてもっと課題が大きいのが評価に基づく育成・キャリアについてのコミュニケーションです。そもそも会社としての人材計画があいまいなため、各上司（評価者）は個々の社員のキャリアの可能性について、具体的で意味のある情報を持っておらず、その上、どうコミュニケーションをすれば良いのか必ずしもそのスキルも身につけていないのです。

本来、「評価・育成プロセス」での面談は、会社／上司が個々の社員と向き合い、その育成・キャリアについて真剣に議論し、信頼関係を築いていく絶好の場なのですが、残念ながらこの企業ではむしろ社員からの信頼を失う場になってしまっています。

これはある企業の例ですが、同様の悩みを持つ企業は数多くあり、これが企業の中での社員へのリスペクトが維持されず、社員が夢中になって働こうという環境ができない大きな原因のひとつになっていると感じます。なぜこうなってしまうのでしょうか？

これまでのパートナーシップ型雇用や無限定正社員が主流であった時

代の「評価・育成のプロセス」は特に曖昧な要素が大きいものでした。この曖昧さに対して会社、社員両者とも暗黙の納得感があり、「いずれにしても長期で勝負」という逃げ道が気持ちの中にあったように思います。制度だけ「ジョブ型」に転換した場合でも、これまでに出来上がり染みついた文化が日本の企業にはいまだ強烈に残っている場合が多いのです。この風土が原因で、現行制度の曖昧な運用がそのまま放置されてしまっているのです。

この殻を破り、社員へのリスペクトを実現するためには、会社と社員がお互いプロとしてのコミュニケーションを行える「契約的信頼関係」を構築する必要があります。

そのために、「評価・育成制度」の運用に魂を通わせるべく２つ大事なポイントがあります。

＊「評価・育成制度」の２つの大事なポイント

●管理職（評価者）への意識づけとサポート

評価・育成制度の運用が上手くいかないことに対して、各レイヤーの管理職（評価者）が犯人扱いされる場合が多いのですが、彼らはむしろ犠牲者です。

多くの会社で見てきましたが、管理職になると「評価・育成ができてこそ管理職」としていきなり多くの荷重を与えられます。でも、彼らの勤務状況や職場の現状を見れば、制度が要求しているような丁寧な評価・育成のアクションができる環境にない場合が多く、そんな中であるべき論だけ押しつけられ「やって当たり前」のプレッシャーで片づけられているのをよく見ます。

しかも、一般的な管理職トレーニングはあっても、部下との間のコミュニケーションをどのよう進めるべきかについて有効な教育はあまりされません。そもそもこういう企業の場合には、この管理者が一般社員だった時に上司の管理者から然るべき扱いを受けていないため、経験値から言ってもどうして良いのかわかりません。おまけに彼、彼女の今の上司の人たちも同じ状況のため指導することもできません。

「評価・育成」を制度の目論見通り進めるようとするなら、まずは管理職へのリスペクトを高め、彼ら、彼女たちが十分に活動できる環境を整え、また然るべき教育のサポートを与えるべきです。そして彼／彼女自身の目標設定の中にも「部下の育成・評価」をきちんと入れ、その実行をその上の管理者がサポート、フォローしていくことが必要です。

●経営者のコミットメント

この「管理職へのリスペクト」を実現するためには経営レベルのコミットメントが必須になります。前述のように「評価・育成制度」は日本の企業ではあまりに昔からある当たり前のプロセスであるために、経営から見ても「現場で良きに計らえ」的な位置づけになりがちです。

そうではなく、企業が人材活用について本質的転換を果たしていくためには、経営者自らが今一度この部分に深く入り込み、制度の詳細やその運用の実態が「現場の活性化」という思惑のとおりに機能しているかどうか、確認をするべきです。そしてそこで見つかった課題の解決に経営がきちんとコミットしていくことが求められるのです。

実はこの「評価・育成」のプロセスですが、経営に近いレベルに行くほど形骸化している例を何社も見てきました。経営といっても、取締役会やホールディングスの幹部の場合は少し今回の話からは外れるかもしれません。いわゆる実業を持つユニットの幹部社員のあたりの課題です。長年の付き合いがあり、日ごろから近しく業務をしているからでしょうか、公式なプロセスとなると照れもあるのか「今更あらたまっても」

の雰囲気が出てしまい、本来あるべき真剣な議論が持たれないということがよくあります。

ここは、会社全体に「評価・育成」プロセスをきちんと行き渡らせるためにも、まずは経営に近い幹部社員が居住まいを正すことから始めたいところです。

■ウォリアーズでの学生の育成

ひるがえって今日の運動部の学生をどう育成していくかを考えるとき、今の企業が直面する課題とオーバーラップする部分があります。

大学のスポーツは４年間という限られた時間です。この中で一刻も早い育成が必要になりますし、学生側もこの４年間で言わば学生スポーツでのキャリアを全うしなければなりません。

40年ぶりに現場に戻ってきた私は、学生たちの部活動への姿勢が大きく変わっているのに驚きました。

＊納得した時に最も大きなエネルギーを発揮

強くなりたい、うまくなりたいという気持ちの強さは変わっていませんが、アプローチの仕方、その背景にある気持ちの持ち方は大分違います。昔との一番大きな差は、何をやるにも彼らには納得感が必要だということです。言われたことをやみくもに必死でやっていく、昨日より今日が少しでも進歩すれば、という気持ちではなく、なぜそれをやるのか、やるべきことを理解し納得した時に最も大きなエネルギーを発揮するようです。これは東大だけでなく他大学でも起きている変化だと聞きます。

ウォリアーズヘッドコーチの森は現代の学生のこのメンタリティをいち早く把握し、その指導に活かしています。森は京大やＸリーグの指導者時代にはかなり厳しいことで有名でした。しかし今は一変して学生の気持ちに理解を示し、指導の実を上げています。言わば運動部の指導者として学生に対するリスペクトを示し、同時に彼ら自身に自律の心を育むよう厳しく求めているのです。

「今の若い人は…」という言い回しがあります。主にネガティブな内容に使われますが、これほど長きに渡り日本人が口にしてきたフレーズはないかもしれません。古文書にさえ出てくると聞いたことがあります。かく言う私も若いころ言われましたし、いまだに同年代の連中の口からよく聞きます。

それほど若者がいつの時代も問題を抱えているのか、それとも大人たちは、自分が若かった時のことはさておき若者の未熟さがどうしても気になってしまうのでしょうか。

＊社会の変化を先取りしている若者たち

私はウォリアーズを通して「今の学生」と付き合ってみて、実は学生たちが社会の変化を先取りしているのだと考えるようになりました。先取りしているからこそ、それについていけない年配の人たちは違和感を覚え「今の若い人は…」と感じるのだと思うのです。

いつの時代も若者は親や社会に育てられ大人になります。この過程で親や社会、学校は若者の将来を思い、これからの社会を背負うべき人間としの期待を込め教育をします。それが自然に若い人たちの態度や行動に反映されています。つまり、「今の若い人」が映しているものは、社会が「変わらなければ」と悩みもがいている姿そのものなのではないかと思うのです。

個人に対するリスペクトの問題もそうです。実は親の世代が自分たちの反省から必要と感じていることで、それを若者が敏感に感じ、より大切にしたいと考え始めているのではないでしょうか。

ひょっとすると企業の経営者がこういった変化へのアジャストが一番遅れているのかもしれません。

ウォリアーズに戻り、森が学生たちを指導する姿を見て、卒業後ビジネスパーソンとしてずっと考えてきた「リスペクト」の考えが正しかったのだと思うことができました。

次章では、現在のスターバックスの創始者、ハワード・シュルツから受けた教えについてご紹介します。ハワードは私にとっては原田泳幸とともにビジネスの師匠なのですが、彼から受けた「社員をリスペクトする」というフィロソフィーは、私のビジネスパーソンとしての根幹となり、また㈳東大ウォリアーズクラブを通してウォリアーズの学生たちの世話をする上でも大事な考え方になっています。

■Comment

唐松　星悦さん

2020年度　主将／LT（レフトタックル）

2020年度の主将を任されてチーム作りのスタートを切った時、今年ウォリアーズをどんなチームにするべきか、考えれば考えるほど正解がないことに驚きました。

BIG8からTOP8に駆け上ったウォリアーズですが、その変化が激しかっただけに、この3年間、正直、学生たちは暗中模索して必死にもがいてきた感がありました。そして初めてTOP8に上がり、留まり、今年はいよいよ「勝つべくして勝つチーム」に生まれ変わらなければならないステージだと自覚しています。

それでも、どんなチームにすればよいのか、どんなチームが日本一を目指せるチームなのか、なかなか答えが見つからないのです。

しかし悩みの中にあって、今は、完全にクリアなゴールがなくても良いのかもしれない、誰も経験していないことを具体的にビジョンするなんて無理だと考えて良いのではないかと思うようになりました。

大事なのは、日本一になれると信じてそのためにはどうすれば良いか、あるべきチームの姿を常に求め続けること、そして、とにかく今見えるチームのゴールの姿に向かうべく、あらゆる努力を傾注していくことなのだろうと考えているのです。

そのためには４年生の役割がとても大切になります。ウォリアーズは上下関係の少ないフラットな組織ではあるけれど、今の４年生が、これまで経験してきたこと、先輩たちから受け継いできた「勝つイメージ」を３年生以下の部員にいかに鮮明に伝えることができるか、そしていかに彼らに本気で日本一を目指すことを信じさせることができるか、これがウォリアーズのパフォーマンスを決めていくことになります。

この３年間の変革で、ウォリアーズにはトップチームとしての土台ができつつあり、部活動の環境や部員が体得している理論も既に一定のレベルに達していると思います。しかし、これからが本当の勝負で、これら土台の上に「勝利につながる取り組み」を築いていかなければなりません。目先に惑わされることなく、ゴールを常に見据え、本気で勝ちにいくための練習を日々積み重ねること、私たちのやるべきことはこれに尽きます。

私はこの度 ALL JAPAN に選ばれチームに参加してきましたが、このこともあくまで東大を日本一にするための手段であり、過程であると思っています。代表経験をいかにチームに有効にフィードバックし、チームワークやチーム力向上につなげるかが私の宿題です。

21歳と若輩の私ですが、この1年、チームを日本一にするために全てのエネルギーを注ぐことは、他のどんなことよりもやりがいがあって面白いし、このチームで日本一を目指すプロセスは人生のエッセンスが凝縮されていると確信しています。

ただ、求めているのは思い出や経験ではなく、あくまで勝利です。

第9章

ハワード・シュルツの教え

■ハワード・シュルツとの出会い

ハワード・シュルツと出会ったのは1998年の半ば、私が45才の時でした。私と同い年の彼がすでに世界的に有名な経営者になりつつあった時です。

シアトルのスターバックス本社でハワードと

スターバックスは、アメリカ市場の事業が軌道に乗り、1990年代に入ると海外展開の準備を始めました。最初のターゲットは何と日本でした。日本が当時世界第3位のコーヒー消費国だったことも影響したようです。

日本での立ち上げが順調に進み30数店舗まで来たところで、いよいよ急拡大のフェーズに入り、日本人の経営者を増やそうということで私がハワードと知り合うことになります。私はNTT、経営コンサルティングファーム等を経て、当時はバクスターという医薬品・医療機器企業の日本の事業部長を務めていました。スターバックスのようなリテールビジネスをやるとなると初めての経験となるため、正直躊躇がありました。

スターバックスの本社があるシアトルは坂の多い街で、その坂がどれも西側の湾に向かって下っていきます。街を歩いていると高いビルの間に突然海が見え、入り組んだ湾を取り巻く丘陵越しに遠くの山々が目に飛び込んできます。夕方になると海に夕陽が落ち、夏には多くのヨットが水面を滑っていきます。

シアトルはカフェの似合う街で、いかにもスターバックス発祥の地という趣があり、スターバックスはこういう精神的に豊かな土壌で生まれ育ったのだなとつくづく感じます。

そんな趣のある街と入江を見下ろしながら、ハワードは私に言いました。

「イチロー、日本の人たちは長年コーヒーを愛してきているのだろう。喫茶店というカフェが何万店もあるというじゃないか。そんなにコーヒーが好きな人たちにぜひスターバックスのコーヒーを楽しんでもらいたいんだ」

「日本人のホスピタリティはすばらしい。ホスピタリティはスターバックスの大事な価値なんだ。日本人のパートナー（スターバックスの言葉で「社員」のこと）はきっとこのスターバックスの価値をお客様にきちんと提供してくれると思う」

「日本の企業は社員を家族の様に扱って、皆でひとつの目標に向かって協力し合っていくって言うじゃないか。スターバックスもそういう社風なんだ。そういう社風じゃないと本当のスターバックスのホスピタリティは顧客には伝えられない」

「海外展開の最初のマーケットとして、スターバックスにとって日本ほどぴったりのところはないと思う。スターバックスのブランドを広めるためにぜひ一緒にやってほしいんだ」

ハワードのやさしい眼差しの奥には、自分の信じる価値へのあくなき追求があり、どうしても達成していくのだという執念が見えました。この後私はスターバックスジャパンに参加し、当時スターバックスのパートナーであった㈱サザビーリーグ（当時は㈱サザビー）の力強いドライブもあり、在籍の約4年の間で450店舗までの急成長を経験、会社はナスダック・ジャパン（当時）への上場も果たすことになりました。

■ハワード・シュルツの執念

ハワード・シュルツはスマートで物腰も柔らかで、話していても常に相手に対するリスペクトを忘れない、まさにスターバックスの店舗の雰囲気とオーバーラップする人です。でも話がスターバックスブランドの成長のことになると執念の人に変わります。

スターバックスが店舗を通し実現しているカフェ文化、これを世界中に広げることが彼の長年の夢で、彼の頭の中にあった大きなビジョンから言えば、世界で31,000店を超えた今でもまだ道は半ばなのかもしれません。

彼は経済的に貧しい家で育ちました。父親は第二次世界大戦に従軍したことで体を壊し、また当時のアメリカの企業から何度もレイオフにあったりと、不運で厳しい経験をしています。彼が若いころに、もし将来自分が経営者になったら、必ず社員を大切にする経営をしようと心に

ハワード・シュルツ

決めたのも、そんな父親の状況を目にして育ったからでした。

高校時代、アメリカンフットボールでクォーターバックとして活躍したハワードは、スポーツ特待生で大学に入りますが、これがなければ大学には行けなかったかもしれない経済状態だったようです。

卒業後ゼロックスのセールスマンとしてニューヨークで活躍、その後マープラスト社に勤務している時に巡りあったのが同社の顧客である「スターバックス・コーヒー・ティー・スパイス」というシアトルの会社だったのです。当時深煎りコーヒー豆の専門店として営業していたスターバックスでしたが、彼はその深い味わいと経営者のコーヒーに対する思い入れに魅了され、自分を売り込んで入社することになります。

スターバックスに入社した彼はその後出張でイタリアに行きますが、今度はそこで目にしたバール（カフェ）の文化に魅了されます。街の人たちが集まりエスプレッソを味わいながらコミュニケーションを交わしている。コーヒーをハブにしてそこにコミュニティができているのです。

彼は、スターバックスのすばらしいコーヒーでアメリカにこの文化を取り入れたいと考えます。アメリカで街中にスターバックスのカフェがあって、人々がそこに集まってくる。それが彼の夢となってきます。

しかしこの構想は、スターバックスの当時の経営者たちの反対にあい実現することができません。そこでハワードは１度スターバックスを飛び出し、自分のブランドでスターバックスの豆を使ってこのカフェの展開を始めます。

そのうちスターバックスの創業者が引退することになり、それを聞きつけたハワードはシアトル中の投資家から投資を募りスターバックス社を買い取ることに成功します。現在のスターバックスが誕生した瞬間です。この時彼はわずか34才でした。

買収後、彼はさっそくカフェの地域展開を始めようとしますが、彼が望むスピード感に対し、最初のころ関係者は必ずしもポジティブでなく、投資家やメディアもまだまだ懐疑的な目を向けていました。それでも彼は自分のビジョンを信じ、この文化をアメリカ中に広めるのだ、世界中に広めるのだとがんばり、その結果、スターバックスは今や世界で31,000店舗を超え、アメリカ国内ではあのマクドナルドの店舗数を超える存在となったのです。

■ハワード・シュルツの教え

スターバックスに在籍し、日本での拡大の仕事をする中で、ハワードが創り、育んできたスターバックスの経営哲学をたくさん学び身につけることができました。

中でも、その独特なブランド創りは大変勉強になりました。

「第２章　『心技体』ではなく『体技心』」でも述べましたが、スターバックスには自らの強みに対する深い信念があります。これを今一度紹介させてください。

スターバックスの店舗に入るとコーヒーの良い香りが体を包む。こんにちは！の声と一緒にBGMの粋なジャズの音色が耳に入ります。シュッというスチーマーの音、店員の笑顔、この空間を味合うことこそが顧客にとってのスターバックスの価値なのです。

ハワードはこれを「スターバックス体験（Starbucks Experience）」と名づけ、これがスターバックスの価値、スターバックスが顧客に提供する商品の中核だと説きます。

同時にハワードは「スターバックスは顧客にとってのサードプレイス（Third Place）になるのだ」と教えます。

ファーストプレイスは自分の家。セカンドプレイスが社会で自分が属している場所。学校だったり会社だったり。そしてスターバックスは顧客にとって３番目の場所。ホッとした気持ちになって自分を取り戻せる場所、それがスターバックスであり、顧客価値なのです。テイクアウトされたカップにも顧客はこのイメージをダブらせているはずです。

顧客にとっての価値であるこの空間は、すべて店舗の社員が演出します。舞台装置はあるけれど、この空間の雰囲気は「人」がいて初めて演出できるものなのです。

ハワードのもうひとつの言葉に、One cup at a time, one customer at a time（１杯ずつ、お１人ずつ）というフレーズがあります。

これは、スターバックスがどうやってそのブランド価値を築き上げていくかのプロセスを表現しています。

顧客がお店に来てくれたその機会に、１杯のコーヒーを提供するその瞬間に顧客はスターバックスの価値に触れる。これを積み重ねて初めてブランドが確立する。１回でもがっかりすることがあればあっと言う間に崩れてしまいます。

「だからスターバックスはコーヒービジネスではなくピープルビジネス

なんだ」という信念をハワードは持っています。

ただ、社員がこのブランドの価値を信じプライドを持っていない限り、このような顧客価値を何千店舗のオペレーションで維持することはできません。

そのために彼はこのスターバックスの価値を何度も何度も繰り返して社員に伝えると同時に、社員と経営との信頼関係を高めるための努力を惜しみませんでした。

スターバックスでは、店舗がブランド創りのひのき舞台です。顧客がスターバックスに求める価値の多くの部分は店舗で作られており、それを、パート社員が大半を占める店舗の社員が担うことになります。

その上スターバックスには、メディアを通じてのコマーシャルは流さないというポリシーがあります。テレビで伝えたメッセージを店舗で再現するのではなく、メッセージは店舗が発します。つまり顧客へのコミュニケーションにおいても店舗が唯一のステージであり、その主役はやはり店舗社員なのです。

店舗社員が主役であるということ自体、彼らのモチベーションやプライドを刺激して、それが相乗効果となって店舗でのブランド創りに貢献しますが、しかしその反面、各店舗が主役となっているからこそ、企業全体としてブランドの中身や価値を一定に維持していくのは簡単ではありません。

これを支えているのが、会社全体のスターバックスブランドに対する思い入れや、店舗でブランドを作るんだという覚悟ともいうべき信念です。

スターバックスでは本社のことを「サポートセンター」と呼びます。本社として管理するのではなく、あくまで店舗のパフォーマンスを最大化するためのサポート役なんだという考えです。もちろんこれだけの大きなチェーン展開をするために、サポートセンターは大きな管理機能を持っています。商品の開発もサポートセンターが行います。

でも大切なのは、「サポート」という言葉の真髄の部分です。サポートすべき対象は店舗におけるブランド創りであり、店舗社員が活き活きとして、しかもスターバックスの道からは外れず、店舗において顧客とのインターフェースの中でブランドを創っていける環境を作ることです。まだ急成長中だった当時のスターバックスには、特にこのフィロソフィーが色濃くありました。

スターバックスの顧客価値は例えば「サードプレイス」で表現されるなど、その業態から言ってもロケットサイエンスではないので、比較的分かりやすいものかもしれません。しかし一方で主観的にもなりがちで、チェーン展開をしながらブランドを一定に維持する上でチャレンジでもあります。

これに対し、特にハワードは、ブランド創りの「試行錯誤」を広く容認する姿勢を示していました。もともと店舗で創っていこうとしているブランドですから、ここは重要なポイントでした。

スターバックスには「Just say yes （まずはYesと言おう）」というポリシーがありました。今もあるのではないかと思います。これは主に顧客対応上のコンセプトで、例えば既存の商品に何か少し変更を加えてほしいというリクエストをもらった場合、まずは現場の判断で「やってみよう」という姿勢で構わないというフィロソフィーです。正確に言えば「Just try to say yes（お応えできるようトライしてみよう）」という方が当たっているかもしれません。

このフィロソフィーはチェーン展開にとって多少のリスクは孕むものの、スターバックスの強みをさらに高める上で効果的なのです。社員は、顧客の期待に応えようと悩み、努力し、満足してもらうことで自分が主役であることをより実感できます。また、顧客のリクエストには、商品やサービス改善の上で多くの情報があり、これに対応できないかトライしてみることは、常にブランドを向上していく上で有効に働きます。

ハワードの「試行錯誤」の例として、自動エスプレッソマシンの導入の件が思い出されます。スターバックスの店舗では、今は自動マシンが当たり前となっていますが、日本で急拡大をしていた初期の時点では、アメリカ市場も含めまだマシンは全部手動のものでした。

そこへ高性能の自動エスプレッソマシンが登場し、これをスタンダードにするべきかどうか大きな議論となります。味もまったく遜色ないほど高性能で、店舗のオペレーションの効率性を考えれば、早く導入すべきと多くの人が考えました。

でも、ハワードは当初、これにあまり乗り気ではなかったと聞いています。手動のマシンで煎れる時のシュッという蒸気音や、これを巧みに扱うバリスタ（店舗社員）の仕草にスターバックスの味があるというのです。これを自動にしてスターバックスの価値は維持されるのか？これがハワードの疑問でした。

私は詳しい議論には参加しなかったのですが、ハワードの投げかけを契機にアメリカも含め、社内のいろいろなところでこの議論がなされたのを覚えています。今から思えば、ハワードの本当の狙いはここだったのかもしれません。時代には逆らえないし、ブランドは進化していけば良い、でも店舗社員も含めたすべての社員がこのブランド変化にオーナーシップを持ち、変化の過程に参加していく、これがスターバックスなのだと考えたのかもしれません。

■経営者の役割

こうした独特な社風の中で、独特なバランス感覚で「店舗でのブランド創り」が維持されていたスターバックスですが、日本での初期の急成長の過程でも、この社風をいかに再現するかが大きなミッションでした。

当時、スターバックスジャパンはスターバックスUSと㈱サザビーリーグ（当時は㈱サザビー）の50：50のevenの会社として設立されており、サザビーリーグが日本におけるスターバックスのパートナーでした。

サザビーリーグは、今更説明するまでもなく、常に新しい時代の風を提案してきた企業で、当時も次々と新しい生活スタイルのブランドを導入していました。ファウンダーの鈴木陸三さんの盟友である森正督さん（現・取締役会長）がスターバックスジャパンのボードに入り、鈴木さんのお兄さんの角田雄二さんがスターバックスジャパンのCEOとなり、サザビーとして深くスターバックスジャパンの経営に関わったのです。

両社の価値観は見事に一致し、サザビーの持つ自由な社風がスターバックスのそれとコラボし、サザビーの存在がスターバックスの価値を

日本のスターバックス店舗で佐々木主浩選手（当時シアトル・マリナーズ）と。当時、スターバックスジャパンは佐々木選手の協力で高校生の留学支援プログラムを進めていた

日本で展開する大きな力となっていきます。

こうしてスターバックスUSのDNAを受け継いで誕生したスターバックスジャパンは、成長過程においても、その独特の社風やブランド創りのプロセスを、日本市場において忠実に再現していくことになります。

あれから20年経った今、日本のスターバックスの店舗には当時と同じ空気が流れ、店舗の社員はあの時と同じように笑顔で店舗の主役になっています。初期の成長期に関わったひとりとして、私もスターバックスに行くたびに彼らのホスピタリティをエンジョイし、幸せな気持ちにさせてもらっています。現場は経営を映す鏡です。きっとその後もすばらしい経営が保たれてきたからだと思います。

このように、スターバックスの経営スタイルは独特なのですが、これを支える制度に、魔法や傑出したアイデアがあるわけではありません。人事制度においても然りです。制度なら、世の中には専門家が作ったものがいくらでもあります。要は、いかに経営が制度に血脈を送り込むことができるかです。

そのためには社員との信頼関係が何より大切になります。経営が考える企業価値を常に社員とコミュニケーションすること、そしてその価値の創造に社員を参加させることが始まりです。

そしてこのプロセスを実のあるものにするためのベースが、社員へのリスペクトです。ひとりの人間としてリスペクトすることはもとより、ひとりのプロとして扱い、そのキャリアに責任を持ち、社員にもプロとしての自覚を持たせ、双方向のコミュニケーションを継続することで信頼関係を維持し高めていくことです。

ハワードの自著で、スターバックスのブランド創りについて彼が語っている書籍があります。『スターバックス成功物語（日経BP社／原題：Pour Your Heart Into It)』という本で、日本での初版が1998年ですからもう随分時間が経っていますが、私は今も時々読み返し楽しんでいます。経営トップの自叙伝的な書籍には、時として綺麗事が並び、社内の実際の空気からは乖離していることも間々あるのですが、この本にはハワードの本当の気持ちが素直に表現され、凝縮されています。私自身、彼自身から同じ内容の話を何度も聞かされており、とても愛着を覚える書籍です。

彼の言葉にはいつもインスパイアされますが、この本の中で特に彼らしい思いのこもったメッセージを２つご紹介します。

“経営者が、社員を取り換えが効く歯車のように扱えば、社員も同じような姿勢で経営者に対することになる。社員は歯車ではない。彼らは人間であり、皆、自分に価値があることを実感したいし、自分や家族の必要を満たすための収入も得たいのだ。この社員のひたむきな献身がなければ、スターバックスは繁栄することも、顧客の心をとらえることもできないのだ”

“事業計画などは単なる紙切れにすぎない。いかに見事な事業計画でも、社員がそれを受け入れてくれなければ、何の価値もないのだ。社員が経営者と同じ気持ちになり、心底やり遂げようと決意しなければ、事業を継続することはおろか、軌道に乗せることすらおぼつかない。そして社員は、経営者の判断が信頼でき、なおかつ自分たちの努力が認められ、正当に評価されるのだと実感した時、はじめて計画を受け入れる”

■ウォリアーズとスターバックス

40年間離れていたウォリアーズの現場に戻って来たとき、この高揚感はどこかで経験したことがあると感じ、すぐにそれがスターバックスだったと気づきました。

今、ウォリアーズに若者が集まり、価値観を共有し、まだ現実には誰も見たことのない世界に行こうとしています。ひとりひとりが考え、互いをリスペクトし、時に議論しながら、チームとしてひとつのゴールを目指しています。「日本一」という言葉はそれまでもありました。でも今はそれを現実として目指し、そこに向かう道を蛇行しながらも歩き始めているのです。

一方、スターバックスが日本に上陸した時点では、ミルクを多く使う商品カテゴリーも、紙コップで提供することも、テイクアウトが中心となることも、そして禁煙ポリシーもどれも日本の顧客にとってはまだ珍しく、これが本当に受け入れられるのか懐疑的な論調もありました。

しかし、このブランドは誰もが驚くペースで市場に受け入れられ、店舗数も急拡大をしたのです。その中心となったのは、自らがこのブランドのファンとなり、その価値を信じた若者たちでした。このすばらしいブランドを日本に広めていこうと、社内はまるで文化祭のような盛り上がりでした。

何度も述べましたが、企業の経営と運動部の指導には多くの共通点があります。どちらも究極、いかにそのメンバーを活性化するか、各メンバーがどれだけ自律的に、かつ規律を持ってチームのゴールに貢献できる環境を作るか、そこに命運がかかっているからだと思います。企業の価値は結局のところ社員の価値の総和で、運動部の力も部員の力の総和であり、それ以上のものではないからです。

店舗社員を主役にすることで他に追随を許さないブランドを築き、スターバックスはすでに世界でもトップクラスの企業となりました。ウォリアーズもいつの日か、日本を代表するチームのひとつになれるよう、法人として支援を続けていきたいと思います。

■ Comment

森　清之さん

ウォリアーズ・ヘッドコーチ

3年前に東大の練習を初めて見た時、本当に真面目に一生懸命がんばっているな、というのが偽らざる第一印象でした。と同時に、一番の強みがあまり活かされていないな、とも感じたことをはっきりと覚えています。

決して学生たちのやろうとしていることが的外れであったわけではありません。しかし、必死でがんばっているが故に、視野が狭くなり、思考停止に陥っているように私には思えました。思考停止だと感じたのは、誰かに教えられたこと、先輩がやっていたことを「とにかくがんばって」やり続けているうちに、その練習を行う目的やポイントが徐々に忘れられていったり、捻じ曲がったりしていたように見えたからです。

そしてそのことに気づいて指摘をする者は誰もいませんでした。日々の練習によって目的や目標にどれだけ近づいたかよりも、どれだけがんばったかに皆の関心がありました。そこには、勝つための、強くなるための、上手くなるための「具体論」が欠けていました。勝つために「とにかくがんばる」ことが、学生たちを思考停止に陥らせていたのです。

また、学生たちは、心の奥底では、日大、早稲田、法政をはじめとした私学強豪校に勝てるとは全く思えていませんでした。学生たちにとってトップクラスの私学強豪校は別世界。そして、そう思っていることに対して真剣に向き合うことから逃げていました。敢えて厳しく過激な言葉で表現すると、彼らは「絶望的な努力」をしていたのです。

ウォリアーズには私学強豪校と比べると極めて大きな制約があります。スポーツ推薦がなく、加えて、日本でもトップクラスのタフな入学試験を突破しなければならないため、リクルーティングでの制約はその最たるものです。しかし、裏を返せば（トータルのプラスマイナスは別として）実はここに我々の強みもあるのです。

東大に合格するためには、ある程度の地頭の良さに加えて、（多くの人にとって）大して面白くもない受験勉強を、様々な誘惑に負けず地道に継続していくことが必要です。つまり、東大生は、目標を達成するために必要なことをストイックに継続していける力のある者が多い集団と言えます。受験のために勉強したこと自体はアメフトにはほとんど役に立ちませんが、目標を達成するために適切な作戦を立て、それを実行していくプロセスは競技スポーツ（勝利を目標とするスポーツ）においても全く同じです。物事を成し遂げるために極めて重要な「持続する意志」を持ち、大学受験の中でトップレベルの東大入試を突破したというレベル感と成功体験を持っていることは大きな強みです。

したがって、目的や目標を明確にし、「常に自分の頭を使って考える」

カルチャーをチームに根づかせることが、我々にとって当面最もプライオリティーの高いことだと考えました。具体論を積み重ね、着実に力をつけることによって自信をつける、というごくごく平凡なことを愚直に繰り返すことを求めました。しかし、このことは、それまでの自分たちのやり方を、ある意味では否定されることでもあり、学生たちにとって、特にプライドの高い東大生にとっては、かなり厳しいことだったと思います。初年度（2017年）は、結果としては決して思うようなものではありませんでしたが、苦しい1年ながらも主将の遠藤を始めこの年の4年生の努力が大きなターニングポイントになったのは紛れもない事実です。

翌年、チームは初めてのTOP8昇格を果たし、TOP8での戦いは今年（2020年）で2年目を迎えます。自分の頭を使って考え、具体論を積み重ねるカルチャーが根づきつつある現状を考えると、チームはそろそろ次の段階に進みつつあると見ています。日本一という目標を考えると、これでようやくスタートラインに立てたというところでしょうか。ここ

からは、「何をやるか？」よりも「どこまでやるか？」の重要性が徐々に増してきます。ここまでの成長の原動力となった「考える」ことが、時と場合によっては、マイナスに働くことも有り得るというジレンマに直面する事もあるでしょう。目標を達成するためには、当然これまでとは次元の違う厳しさが求められます。

東大がスポーツで日本一になるという、ある意味で分不相応な目標を達成するための原動力は、学生たちの挑戦心や努力であることは間違いありませんが、分不相応な目標だからこそ、学生たちの力をより大きな成果に結びつけるための環境整備は極めて重要です。その役割を担う法人は、現場の我々にとって非常に心強い存在であり、チームの一部です。形式上、「チームの運営を委託された団体」なのかもしれませんが、我々にとっての法人は、それぞれ立場や役割は違うものの、共通の理念、共通の目的、共通の目標、そして共通のカルチャーを持つ「チームメイト」なのです。アメリカンフットボールは組織の総合力で勝負が決まる競技です。これからも一緒に強くなり、目標に向かって共に戦っていきます。

第10章

トップと現場

■プロの指導者としての森清之

ウォリアーズの歴史で、森は初めてプロのフルタイムのヘッドコーチとなりました。

日本のフットボール界でも、プロあるいはプロと同様の扱いを受けている指導者は多くなりました。X リーグの指導者はプロか、スポンサーの会社の社員として働き、私学強豪校の場合も多くは大学の経営がコミットして教員や職員の形で雇用しており、この場合には現実はプロの扱いを受けていると言えます。

大学スポーツの指導者であっても、ビジネスパーソンと同じで、プロとしての雇用が成り立つためには、雇う側と雇われる側の間で契約を交わし、雇われる側が活躍できるための報酬や環境、評価の仕組みを約束事として交わすことが大切です。

プロ意識の高い指導者ほど、自分の責任や期待されるアウトプット、そして評価の基準を具体的に確認したいと考えるだろうし、そのアウトプットを出すために、雇う側に対し、活動環境への投資を要求するのも当然です。一方で雇う側から言っても、投資に見合うリターンが出るよう、指導者との意思疎通に努めるとともに、活動しやすい環境をアレンジしようとするのが自然です。

しかし現在、国公立大学や一般の私立大学では、このようなプロの指導者はいまだ稀で、大学の教員や他で仕事を持つ人が、少しずつ時間を割きながら面倒を見ているという場合がほとんどです。

ウォリアーズもこれまでは主にOBが指導者となりボランティアベースで、忙しい中、献身的に学生を支え指導してきたという歴史でした。指導者の選抜も実際には、「後輩のために」と考えるOBがまずはボランティアとして手を挙げ、これをOBOG会がエンドースするという形で行われてきています。その結果、現場の指導方針策定やその実行は基本的にこの指導者に任され、OBOG会は少し離れながらその指導者の活動を物心共にサポートしていくという文化でした。

こんな歴史と文化の中に、突然、他大学出身の「森清之」という大物がプロとして登場したわけで、1,000名を超えるOBOG会員にも、新しい動きに期待しながらも、プロの指導者としての位置づけや、「雇う側」としての関わり方などについて明確な理解やコンセンサスがあったわけではありませんでした。

結果として、プロとしての森の位置づけは実際のところ曖昧なものになっていました。フルタイムで給与が支払われているという意味ではこれまでとは違うものの、OBOG会は、これまでと同じプロセスで森の地位をエンドースしており、少し離れたところから現場の活動を支援しているという形のままでした。

そんな、ある意味「いびつな」関係にありながら森がここまで機能し、早くも目に見える成果を出しているのは、森自身が本質的なところでプロとしての高い意識を持ち、また組織人としての責任感も強く、権利を主張する前に、まずは与えられた環境の中で期待に応えるべく最大限の努力をするという姿勢を貫いてきてくれたからです。またこれに呼応して、限られた一部OBが森の姿勢を意気に感じて、新体制を築くための努力を続けてきたことも大きな支えになりました。

幸い当初から森と私たちは、大学の運動部を指導する上で同じ価値観を共有していました。大事にしたいのは、人間的成長をもたらすこと、安全第一で進めること、学生の将来に資すること、そしてスポーツをやる以上本気で勝ちにこだわることです。スタートラインはきっちりと共有できていたのです。

しかし、まだ「指導者と雇用者」としてのプロフェッショナルな関係が完成しているわけではありません。

私たちが新体制として組み立てた構造は、法人がステークホルダー（OBOG会、ファミリークラブ、ファンクラブ）の信任を受け、その意を体し、代表して森と契約を結びその関係を律していくという形です。

しかしながら、新体制が一部の人たちの強力なリーダーシップの下で短期間に作られたこともあり、未だステークホルダー側の「意」がひとつになっていない現実があります。制度上は、法人の社員（企業の株主／取締役に相当）17名が3つのステークホルダーを代表しており、彼らが私を含めた理事を管理監督しているわけで、この17名の「意」がステークホルダーのそれということにはなるのですが、現実はまだそのレベルに至ってはいません。

そもそも、森のようなスーパースターを私たちがマネジメントできるのかという声もありますが、私はそうではないと考えています。

この関係には、企業のマネジメントレベルの構造と類似性があります。企業において、ある分野のスーパースターがひとつの会社や事業ユニットを「現場トップ」として任され、それを管理し関係を律するのが親会社の「経営トップ」だったとします。この場合、経営トップは必ずしも当該分野の専門家である必要はありません。経営トップにとって大事なのは、現場トップと経営者同士のコミュニケーションを積み重ね、信頼関係を作り、現場トップが力を発揮しやすい環境を用意するとともに、最終的なアウトプットイメージとその評価方法をきちんと両者でシェアすることです。この関係があれば経営トップは現場についての詳細な知識を持つ必要はなく、むしろ現場の問題を現場トップの判断に委ねることで、より高いレベルの経営を実現することができます。

このような経営トップと現場トップの関係を、森との間でさらに作りこんでいくことが今の私の大切なミッションです。ウォリアーズ史上初めてのケースとして、また大学スポーツでの新しい体制にトライするという意味でも、早く答えを見つけ出したいと日々自分自身の中で格闘しています。そしてこの答えを見つけることは、結局のところ、稀代のフットボール指導者である森のポテンシャルを100％花開かせることにつながるとも考えています。

■ OBOG会との関係

一方で、法人はOBOG会、ファミリークラブ、ファンクラブといった支持者と良好で生産的な関係を構築していかなければなりません。

UNIVAS（大学スポーツ協会：「第5章 運動部は誰のもの？」参照）のビジョンが現実のものとなり、日本版NCAAの時代でもやってこない限り、日本の大学の運動部はこういった関係者たちによってその地盤を支えられていくからです。

先ほどの「経営トップ、現場トップ」の例になぞらえれば、この支持者たちは言わば「株主」の立場にあるということになると思います。「経営トップ」である法人が「株主」である支持者の意を受け、良好なコミュニケーションを維持しながら、「現場／事業会社トップ」である森のパフォーマンスを最大・最適化していく、この仕組み作りをすることが法人のミッションです。

この支持者の地盤の中でもOBOG会は最も大きな存在です。部の歴史を作り、現役世代を皆でサポートする文化を構築するのもOBOG会です。この特有の文化や仕組みは、これからも少なくとも相当な期間、日本の大学スポーツを支えるためには不可欠です。

ウォリアーズにおいても事情は同じで、このOBOG会と現場、そして法人の3者の関係をどう生産的なものにするか、3者にとってwin-winの関係をどう構築するか、これにも日々格闘が続いています。

「第5章 運動部は誰のもの？」でも述べましたが、どこの運動部でもOBOGから現役への応援には熱いものがあり、試合を見ている時には特別に熱がこもってきます。

運動部のOBOGにとってその競技は青春の1ページにとどまらない、人生における自分のアイデンティティのようなもので、それだからこそ自分のチームが負ければとても悔しいし、自分自身が否定された気にすらなります。

その上、大体において、見ているうちに自分の方がうまかったと錯覚してしまうことが多く、後輩の失敗を見るともどかしくて仕方ない気持ちになってきます。

試合後は同年代で飲み会に行き、ああでもないこうでもない、ひとつひとつのプレーや選手ひとりひとりの力、ひいてはヘッドコーチや監督の采配、選手の育て方にまで話題が及びます。

こんな風に騒ぐことでOBOGは明日へのエネルギーを得ているし、このエネルギーが物心両面での後輩へのサポートを生み出しています。現役から見るとありがたい話です。しかし、このエネルギーが一線を越え始めると、現役の活動にとって逆効果になります。戦績について監督への批判の声が上がったり、生産的でない議論が繰り返されたり、時にはOBOG同士のいさかいが起きることさえあります。その中でも最も避けなければならないのが、長期的なチーム作りが邪魔されることです。

スポーツなので勝敗の結果や個別のプレーを批評することは容易です。しかし、大学スポーツの現場指導者を評価する場合、まずは活動の大前提であるべき人間教育や安全管理、部活動のガバナンスについてのパフォーマンスをしっかりと評価すべきです。

そして、勝敗の結果だけを議論するのではなく、部活動のほとんどを占める練習やミーティングをどのように展開してきたか、そのパフォーマンスについて議論しフェアな評価をするべきです。現場は現実的な制約の中で、妥協もして、限られた時間の中で最大限効率的に動こうとし、また勝負事なので相手が今年強いか弱いかにも影響を受けます。そもそも勝つために、指導者として十分な活動環境が与えられていたかについても斟酌されるべきです。

森の姿勢は一貫しています。批判に対しても常にオープンに謙虚に耳

を傾け、それに対して自分の意見もはっきりと述べ、かつ現実の制約も理解した上で最適解を求めることのできる人物です。私はむしろ我々評価・支援側が早くこのようなプロフェッショナルなステージに立たなければならないと思っています。

そのためには、ウォリアーズの新体制を早く完成し有効に機能させていくことが不可欠です。ウォリアーズと法人、そして支持者がチームのゴールとその道程についてコンセンサスを持ち、全員で現場をサポートするシーンを見たいものです。ウォリアーズ愛ではすでに皆一致しています。あとは新しい体制の中で、いかに相互に有効に機能し合い、自分たち自身へのガバナンスを利かせていくことができるかです。

そして、こうした先にいつの日か「日本一」があると信じています。森のおかげで今は皆本気です。時間はかかると実感しています。まだまだ先になるかもしれない。だからこそ私たちは1日たりとも努力を緩めることはできないのです。

■トップと現場 ― 企業での課題

さて、企業経営においても、経営トップと現場トップとの関係に課題を抱える例をいくつも目にしてきました。

経営トップがよく現場にフラッと現れる会社があります。これは社風としてはとても良いことです。社員とのフランクなコミュニケーションが期待できるからです。しかし、そこで直接社員から不満を聞いたトップが、これを持ち帰り、現場トップを呼びつけ「何やってんだ！」と言ってしまったらおしまいです。

同様に、現場のことをよく知っているトップが、現場のオペレーションの中で良くないプラクティスを見つけます。そこでトップが直接現場の社員を叱責しその場で具体的な修正を指示することがありますが、これもかなり危ない行動です。

優秀な創業者が、ゼロからスタートした事業を急速に成長させた後、一定のサイズになって伸び悩んでいる姿をよく見ます。こんな時、創業者から聞かされるのが、人材がなかなか育たないこと、そして自分の言っていることを現場が分かってくれないという嘆きです。

しかし多くの場合、素質のある人材はいるし、現場もトップの言うことを真剣に聞こうという姿勢を持っています。むしろトップの方が、大きくなっていく会社に見合う仕組み作りや、自分のスタイルを変える努力を怠っていることが多く、言うなれば会社のサイズがトップのやり方を超えてしまっていることが原因になっています。

その中でも特に目立つのがトップとその次のラインのリーダーたちの関係の弱体化です。このリーダーたちはトップの腹心で、一緒に苦労してきて、本当はリーダーの一番の理解者のはずです。

トップ自身は、この人たちとの関係は特に今までどおり阿吽の呼吸で

維持できると思いがちです。一方では自分と現場の社員たちの関係も今までと変わらないという気持ちで接します。「これこそ風通しの良い社風なんだ」と信じて。

しかしトップの次のレベルのリーダーたちは、すでに多くの部下を抱え、横との連携を取りながらさまざまな約束事の中で動いています。もし会社の各パートがトップからの頻繁な介入でペースを乱されるとすると、会社全体の機能は著しく低下することになります。

トップが現場や市場の風に常に当たっていることは大事ですが、すでに会社は大きな体となり、体の中の動きをトップが逐一把握することはできなくなっています。だからこそ会社が機能するための組織（体の構造）を作ったはずです。

ここは、トップの役割が変わるのではなく、役割のフォーカスがシフトすると考えるべきです。一定以上のサイズになっていくとき、社内でのトップのフォーカスは、社員に会社の目指すゴールとそこに行くための戦略を示すこと、その戦略を実行するためのリソースを担保すること、そして、何より大切になるのが自分の作った組織が「契約的信頼関係」（「第８章　リスペクト」参照）で動いている状態を作ることです。

上記の最初の例、トップが現場社員から聞いた不満に基づき現場管理者を叱責する例では、トップは当該現場社員の言うことに同調し、確認もせずそれが事実だとして現場トップを叱責しています。ところが、判明している事実は、まだ「社員がそう言ったということ」だけです。トップはまずはこの「発言」を匿名で現場トップに伝え、その意見も聞き、発言の背後にある状況について２人で認識を共有し、その上で解決策を与えるべきです。現場社員の不満は正論が多く、事実であることも多いだけに、パッションのあるトップは気持ちのスイッチを入れてしまいがちになりますが、これは要注意です。

２番目の例は現場の間違ったオペレーションを発見してその場で解決

策を指示する話でしたが、これも入れ込み度合の高いトップの気持ちのスイッチを入れてしまいます。天才的なトップは、オペレーションでもマーケティングでも現場で重要な発見をし、これをビジネスにいち早く取り込み会社を変革させていきます。これは良いことです。でも会社というチームを運営し、そのキーパーソンとして現場トップを置いている以上、改善のプロセスにおいてはこの人の位置づけをリスペクトしなければなりません。

現場は様々な相矛盾する問題を抱えながら、目標のアウトプットを出すべく、工夫をして、与えられた条件の中で常に最適解を求めて動いています。

現場の仕事は言わば「積み木で作ったピラミッド」のようなものです。様々な形の積み木を積み重ねてピラミッドを作ることが現場の仕事だとします。エジプトのピラミッドのようなすき間のない完璧な形は現実ではできません。時間の制約も頭に入れながら、何とか最適解のピラミッドが組み立てられ現場が回っているとします。ひとつひとつの積み木の

形も様々で、中には少し品質の悪いものもありますが、その積み木も全体のピラミッドを支えるためにはすでに必須のアイテムになっています。この質の悪い積み木を今外せばピラミッドは傾きます。誰もこの積み木を積極的には使いたくなかったけれど、いろいろな制約の中で、いきさつ上必要なアイテムになったのでした。結果、トータルとして仕事は問題なく回っている。

そこにトップがやって来ます。問題の積み木を見つけ「この積み木は良くない。なんでこんなものを使ったのか。すぐ取り外せ」と言います。さて、現場は困ってしまいます。「この積み木は質の悪い積み木」というポイントだけで言われるとそれ以上の議論ができなくなるからです。

もっと悪いのは、忙しいトップがそれだけを言い残して次の会議に行ってしまったりすることです。こちらからはアクセスしにくいタイプの経営者であったならば現場は悲劇です。もしこれが繰り返されると、結局すべて上にお伺いを立てたり、新しいことは極力しないようにしたり、活力を失った現場になっていきます。

こうしたトップの行動や姿勢がもたらす最悪のパターンは、創業仲間や意見の言える幹部が１人抜け、２人抜け、気がつくと、トップとは精神的距離があってトップの言うことを聞くだけの人たちが集まっているという結果です。指示待ちで、自分から動くことをしない、上ばかり見ているいわゆる「ヒラメ人間」の集団になってしまいます。社員は冷静です。トップ以下、各階層の上司・部下の関係をつぶさに観察し、結果としてヒラメ人間症候群はあっという間に会社中に広がることになります。

トップは「でも任せっきりにはできないよ」と言います。もちろん任せっきりはいけません。でも現実は「任せっきり」なのではなく「放ったらかし」なことが多い。放っているのに細かいことだけ口出ししているケースが多いのです。「任せる」というのは投げるのではなく、両者の間に約束が定義された状態です。大事なのは何を任せるのか、何が責任なのか、どんな報告義務があるかということを両者の間で確認しておくことです。

まずはトップと次の階層の人たちの間に「契約的信頼関係」が必要です。知っている間柄だけにそんなことは照れくさいと思ってはダメです。

実はこのプロセスは自分が経営者として成長するプロセスにもなります。そして自分の腹心の人たちをこういうプロセスの中で育てることができれば、育てられた部下は同じことを自分の部下にもできるようになるはずです。

ここでは創業系の会社を例に書きましたが、これらはどんなタイプの会社にも、どんなサイズの会社にも当てはまることで、会社の総合力の原点だと私は考えています。

何度も言うように、お互いに対するリスペクトを持った「契約的信頼関係」が活力ある組織のカギになります。どの階層においてもこれが保たれていることが、会社が組織として機能し、その中で個々の社員が活き活きとしていくための必須要件なのです。

■Comment

大路　航輝さん

2019年度　RB（ランニング・バック）

大学４年間、とことんアメリカンフットボールに打ち込みました。

本当にフットボール三昧の日々でしたが、おかげでフットボールを通して多くを学びました。努力を地道に積み重ねることの大切さを学び、頭を使い自分で考えることがいかに成長につながるのか身に染みて実感してきました。

しかし、何より学んだのは「気持ち次第で結果は変わる」という信念が持てたことです。何かに挑戦するとき、もちろん準備の努力は大切ですが、最後に効いてくるのは「やってやろう」という気持ちで、実力だけでは説明できない差がこの気持ちによって生まれてくるのです。

日頃の練習の例で言えば、例えばウエイトトレーニングで限界の重量に挑戦するとき、「ダメなのでは」という気持ちで行くと挙がらないのに、「絶対にやってやる」という気持ちを持つと不思議と挙げられたりします。

試合中のコンタクトでも同じことが起こります。大きく強そうな相手に萎縮してしまうとぶつかった時に吹っ飛ばされるのに、「ぶちかましてやろう」という気持ちさえあれば体格差があっても案外当たり負けしないのです。

この気持ちは特に試合の時に大事です。きつい練習も日々の努力もすべて試合で勝つためにやっていると考えれば、試合で自分の力を100%あるいはそれ以上出すための「気持ち」は何より大切なものです。そういう意味ではこれは私が4年間で得た最高の教えだと思います。

森さんは「うまくいかない理由を理屈ばかりで考えてしまうことはよくない。理屈を考えずにがむしゃらにできる人の方が上手くいくこともある」と言います。確かに「上手くいかないのではないか」という意識は私たちにリミッターのようなものをかけてしまう気がします。

試合で苦しい場面の時に踏ん張ることができるか、劣勢になっても戦い続けることができるか、それはチームのひとりひとりが「やってやろう」という気持ちを持ち続けられるかどうかにかかっています。私は、ウォリアーズにはどのような場面においても全員がこの気持ちを失わないチームになってほしいと思っています。

第11章

伯楽

■森が目指すゴール

森がウォリアーズのヘッドコーチを引き受けてくれたことに、ウォリアーズの関係者は正直驚きました。どうしても来てほしい人だが内心難しいだろうと踏んでいたのです。食事の席で森の受諾の返事を聞いたウォリアーズ監督の三沢英生はトイレに行きひとりで泣いたと言います。

森は受諾の後、メディアに「下手でも一生懸命やっている学生の指導がしたかった」というコメントを残しています。

彼自身、選手、コーチ、ヘッドコーチとして日本一を知り、ヨーロッパNFLへもコーチとして参加、そして全日本チームのヘッドコーチも５度経験しています。フットボールを知り尽くし、ひのき舞台をすべて経験した彼だからこそ、フットボールで何かを達成した時の感動や、そこに至るプロセスが持つ意味をよく知っているのでしょう。それをなるべく多くの学生に味合わせたいと考えたのでしょうか。

「もう少しレベルが上がれば、もっともっとフットボールの魅力が分かってくる。そうなればさらに向上心も出てくるはず」。これは彼からよく聞く言葉です。傍で見ていて、彼自身が、まだもどかしい気持ちを抑えながら指導をしている様子がよく分かります。

京大の現役時代は「ほとんど狂気の世界だった」と彼自身が言います。練習の後、学生同士で深夜までディスカッションし、それから筋トレを始め、気がつくと夜明けだったなどということもあったそうです。3、4年生時の2年間笑わなかった部員もいたという逸話さえあります。学生がそこまでフットボールに取り憑かれ、自ら望むゴールを執念を持って目指す、そのプロセスの中に森はスポーツの価値の真髄を見てきたのだろうと思います。

しかし彼はこれを決して学生に強要しません。今のステージでこれを言っても学生は本当には理解できないと彼は考えます。もう少しだけレベルが上がればその世界が見えてくる。そうなったらフットボールの虜(とりこ)になるはず。自分から虜にならなければ意味がないし、本当の集中力も出てこないと考えているのでしょう。

一流のアスリートの特徴は自律心が強く、自分をコントロールできる力に秀でていることです。森はこの特性を受験戦争を通り抜けてきた東大生に見出しています。ましてやフットボールはシステマティックで戦略的なスポーツであり、東大生が強くなる要素は十分にあると見ています。

でも、究極のゴールは学生個人が自ら設定しないといけない。本気で、何が何でもそこに到達しようと思えた時、初めてその学生が持つ自立心やセルフコントロールの力が発揮されるのです。森は自分の経験を頼りに、あらゆる努力を積み重ねて辛抱強くその時を待っています。

■本当の教育とは ― 個人の能力を伸ばす

名伯楽という言葉があります。馬の能力を見抜き、その馬を名馬に育てあげる名人というのが元の意味のようです。

名伯楽というとイチロー選手を育てた仰木彬監督や、有森裕子、高橋尚子の素質を見抜きメダリストに育てあげたマラソンの小出義雄監督などがよく引き合いに出されます。古くは王貞治の能力を見出しホームラン王にまで育て上げた荒川博コーチも有名です。このように、我々が伯楽と言う場合は、特定のアスリートの持つ特別な素質を見出し、それを個別の指導により開花させた例を言うことが多いようです。そういう意味では、森はまたこれとは違ったタイプの指導者です。もちろん彼はフットボール選手のポテンシャルを見抜く鋭い目を持っていますが、フットボールが組織的なチームプレーであることから、彼は、それぞれの選手の特性を見抜き、どうやって適材適所を作るか、それぞれの選手のポテンシャルをどう引き出すか、そしてその上で全体が機能するためのストラクチャーをどう構成するかという部分により高いレベルのフォーカスを当てます。

トップアスリートの推薦入学もなければ、フットボール経験者も少ないという国公立大学の宿命の中でこうせざるを得ないという面もありますが、彼の指導の根幹にあるのは教育という視点です。フットボールはすばらしいスポーツで、これに集中させることで成長させる、そして個々人の能力や持ち味を活かし伸ばしていくことが本当の教育であるという信念です。

あの学生がこんな自覚を持つようになったとか、この学生が急にいろいろと質問してくるようになったとか、森はとてもうれしそうに報告してくれます。彼の頭には200人近い部員の情報がいつも整理されていて、情報の中にはその学生の性格や学業、そして経済状態まで入っています。単に運動部の指導者というより、教育者の域に達している感があります。

日本のスポーツの興隆のためには、名馬発掘の力のある伯楽も必要ですが、森タイプの伯楽はもっと大勢必要です。こういった、教育者の役割も果たしながらスポーツの指導にあたることのできる指導者が増えれば、それだけスポーツの土台が強化され、若者がよりよい環境で自分の競技に打ち込めることになるはずです。

ひるがえって企業の中を考えると、森タイプの伯楽の必要性はもっと高く、日本経済が再び強くなる上で必須の人材です。

もちろん企業経営者にとって、後継経営者や幹部候補のポテンシャルを見抜き、抜擢し育てることは大事ですが、それ以上に大事なのが社員のマジョリティに対してきちんとした育成とフォローができることです。

まずは社員ひとりひとりにリスペクトを持って接し、その特性や強みを認めきちんとした評価をすることができるか。そしてその上でそれぞれの社員の特性に合わせた育成とキャリア作りを行い、社員の市場価値を上げていくようなフォローができるかです。

これにより、各部署に必要とされる人材が配置され、社内がモチベーションで満ちた社員でいっぱいになれば経営としては大成功です。

スポーツ界だけでなく、多くの日本企業でも森タイプの「伯楽の力」を持つ経営者が増えてもらいたいところです。

■ Comment

岩田　真弥さん

㈳東大ウォリアーズクラブ・職員
前職はBリーグ千葉ジェッツふなばし集客担当

中学3年生でフットボールを始めてその魅力に取りつかれ、米国シアトルでの大学時代（ワシントン州立大学）にはスポーツマネジメントを勉強する傍ら地元のセミプロチームでプレーし、帰国後も社会人チームに所属しいまだに現役のRB（ランニング・バック）をやっています。思い返せば、大学受験や大学での専攻、仕事のチョイスと、人生の大切な決断を全てフットボール中心でやってきました。

米国からの帰国後、仕事を通して多くのウォリアーズ出身者と知り合う機会があったのですが、皆仕事ができ思いやりもある人たちで、ウォリアーズはどんなチームなのだろうとずっと興味を持っていました。そんな中、前職で現監督の三沢英生さんと知り合い、日本のフットボール界やウォリアーズに対する熱い思いや将来へのビジョンを聞くことができ、ますますその思いが高じていました。

私のアイデンティティはフットボールだし、これまで私という人間を作ってくれたフットボールには心から感謝し、いつの日か日本のフットボールの発展に貢献する仕事がしたいと思っていました。フットボールというスポーツをこの国でももっともっと多くの人に知ってもらいたいという思いです。

そんな矢先に㈳東大ウォリアーズクラブでのお仕事の機会をいただき、二つ返事で昨年（2019年）の夏に飛び込んできました。

ウォリアーズに来て何より私の胸を打ったのは、ここにいる人たちのウォリアーズ愛の深さです。OBOGの方々は心からウォリアーズが好きで後輩を本当に大切に思い、部員のご家族には私たちの活動に深く賛同をいただき、これに地域の方々や卒業生のご家族まで加わり皆一緒になってウォリアーズを温かく応援してくれています。

一方で、部とそれを支える法人が、大きくなった組織を整然と動かし効率的な運営をしていることも驚きでした。法人の方々が、皆仕事を持つ中でこれだけのエネルギーをウォリアーズに捧げていることには頭が下がります。また、学生自身の自覚も高く、部の運営が学生中心で運営されていると思えないほどシステマティックに動いているのも、見ていて不思議なほどです。これも森さんの指導の賜物なのでしょう。

ウォリアーズの活動は新体制作りの途上にあって、財政的にも決して楽な状態ではありません。でもこの支援者のウォリアーズ愛と、部や法人の実行力で、きっと現状を打開しさらに高みに登っていくことは間違いないし、私も微力ながらその力になりたいと思っています。

2019マーケティングチーム

ウォリアーズの仲間となってまだ１年ですが、学生たちが目に見えて日々成長していく姿を見てきました。フットボールはすばらしいスポーツです。もっともっと多くの学生に、ウォリアーズにいるからこそできる経験を積ませてあげたいと思います。

日本一を本気で目指すことを通じて成長した学生が社会に羽ばたいていけるよう、そしてウォリアーズがいつか日本のフットボールを牽引する存在になれるよう、ウォリアーズの仲間と一緒にがんばってまいります！

第12章

ウォリアーズというキャリア

■「手伝い」のつもり

私は今年（2020年）で67才になりますが、法人作りの準備を手伝ってくれと言われた時が64才、ちょうどその頃それまでの仕事を辞め、一時的に時間のある状態だったこともあり先輩OBからかかった声がこの仕事のきっかけでした。

当時の私は次のキャリアを考えてジョブサーチを続けていました。私にとってのビジネスキャリアはあくまで企業社会の中にあり、ウォリアーズ支援の仕事は「ビジネスキャリア」の範疇には入らず、視野にあるのはあくまで企業の経営者でした。それまで40年間ビジネスの世界にいて、そのキャリアを「途絶えさせる」ことに正直恐れもありました。

そんな中、「構想を作るところまでやってくれないか」という依頼であり、多少時間的余裕もあったのでこれを引き受けることにしたのです。もちろんビジネスの世界に戻るつもりで、「この次は何をやるか」と考えながら手伝い感覚での参加だったわけです。

■建前と現実の狭間で

私のミッションはウォリアーズを強くするための支援体制の設計図を描くこと。「運動部を強くするために関係者の支援を結集するストラクチャーを作る」、これはスポーツ好きにはなかなかエキサイティングに響くミッションで、私自身も結構短期間で描けると高を括っていました。

しかし始めてみるとこれが意外に難しいことに気づかされます。

根底にある問題は日本の大学運動部の位置づけです。本書で何度も述べたように運動部の活動は「学生が自主的に行っている課外活動」であり、オーナーは学生で、責任者も学生、建前上大学を含めて「大人」はどこにも登場してきません。特に国公立大学ではこの傾向が顕著なのです。

誰も支援をする責任は持っておらず、公に決められた「支援者」はどこにもいません。つまり、このミッションを与えられた私が気軽に「手伝ってよ」と言える相手がいないのです。

一方、現実の世界では、大学運動部はOBOGを中心とした大人たちの献身的な努力で支えられており、強い運動部ほどこの色合いが濃く、ウォリアーズも例外ではありませんでした。この要素を抜きに支援体制を作ることは現実難しく、これから先も支援の柱とするべきなのですが、一段高いレベルの支援を実現するためにはこれに留まることはできません。OBOGの活力を包み込みながらもっと大きなエネルギーで動く体制が必要でした。

他大学の例はとても参考になりました。京大アメリカンフットボール部（ギャングスターズ）の支援法人である㈳京大アメリカンフットボールクラブは数少ない先行例のひとつですが、法人代表理事の三輪誠司さんやギャングスターズ前監督の西村大介さん（現・㈱滋賀レイクスターズ取締役）には大変お世話になり、親切にご指導をいただきました。㈳東大ウォリアーズクラブの体制の根幹は多くの部分が三輪さん、西村さんの教えを踏襲して出来ています。

しかし、他大学の例を勉強すればするほど、実際の体制や運営は、個々の環境に合った独自のものを作らなければならないことも分かってきました。大学運動部支援の定義が社会としてできていない分、それぞれが置かれた状況に応じた体制作りが必要になるのです。

そのため、新しいウォリアーズ支援体制も、我々自身で白いキャンパスに向かって描かなければなりませんでした。これは想像以上にエネルギーを要する作業であり、今や互いに盟友となった森清之、三沢英生、小笹和洋と私の４人で七転八倒の日々が始まりました。

準備を進め、何度も議論を繰り返し、ウォリアーズを取り巻く動きや世の中の情報を集めて考えを重ね、キャンパスに下絵を描いては何度も破り捨てました。そうこうするうちにコアとなるコンセプトが共有され始めることになります。

カギとなるのはいかに支援の力を結集できるか、我々がいかにその結集の機能を発揮できるかでした。これまでも、ルールがはっきりしない中でウォリアーズの活動を支えてきた支援者たちがいます。その支援者たちのそれぞれの潜在的なエネルギーを最大限に昇華させるとともに、これらを結集して大きなシナジーを作ること。これに加えて新しい支援者を見つけ出し、支援を引き出しこの輪の中に入れることです。そして、これを進めるためには「法人」という形がふさわしいのだろうというところまではたどり着きました。

OBOGに並んで力強い支援を提供してくれるのが保護者たちです。子供への愛情は深いものです。学生のためにと考える活動には必ず大きな支援がもらえます。一方で大学はこれまでその存在は小さかったものの、ポテンシャルには大きいものがあります。部活は課外活動ですが、「学生の成長のため」という教育的視点を最も強く持っている当事者でもあります。

この中で最初に解決すべき課題はOBOG会との意思統一でした。しかし、そのOBOG会自身がひとつの考え方でまとまらず、中でさまざまな価値観が交錯していたのです。「学生のために」という言葉だけは一致しても、活動に落とし込もうとする段になると価値観の違いが邪魔をします。もともとウォリアーズの歴史で初めての試みであり、ゴールの姿は誰も実感を持てず、総論賛成だが、各論になるといくら時間があっても議論が終わらない状態でした。

そうこうするうちにあることに気づきます。いちいちコンセンサスを取っていたら前に進まない。誰も悪気があるわけではなく、我々も含め、みな結局新しいゴールをイメージできていないのだ。だからこそ非生産的な議論が起こる。そこで、ある時点からコンセンサスを取ることを諦め、とにかく自分たちで物事を決め、前に進めてしまうことにしました。特に強い反対が起こらないかぎりそれを決定として前に進めていく。これらを段階的に既成事実として示すことで、観衆にはゴールの姿が次第に見えてきます。そこでやっと意味のある議論が出てくることになります。結局このやり方が功を奏して作業が前に進みだしました。私の仲間たちがみなパイオニア精神の持ち主であることがこれを後押ししました。

■孤独な作業

この仕事を進めるうえで、私自身にはもうひとつ悩みがありました。それはこれまでに経験したことのないほどの強い孤独感でした。

よく「経営者は孤独である」と言われます。私もその経験をしてきました。これは「アウトプットを出す責任を最終的にひとりで負う」というところから来ています。しかし、経営者のアウトプットを評価してくれる相手は必ずいます。自己所有率がよっぽど高いオーナー経営者を除けば必ずいます。株主だったり、親会社の経営陣だったり、少なくともこちらのパフォーマンスを採点し、マルかバツか、トータルとしては何が合格ラインなのか示してくれる相手がいます。

ところが、私の仕事には最終的にそれを示してくれる人がいなかったのです。先輩からも文字通り「任されて」しまった状態でした。なんとなくOBOG会全体の意を汲んで会全体に対する責任感で始めた仕事だったのです。誰かと契約したわけでもなく、誰かの正式な信託を受けたわけでもありませんでした。言わば互いの善意を前提とした形だったのですが、これが私を苦しめました。どこまでやれば良しとされるのか、自分の判断しか拠り所がない。そんな中で誰も作ったことのない新しいものを作らねばならない。どこまでやっても、完成したのか足りないのか判断ができない。一方で外野からはいろいろと批判の声も聞こえてくる。こういう種類の孤独感は人生で初めてでした。

そんな中で自分を支え、前向きのエネルギーを供給してくれたのは自分の信念に基づいたある種の居直りの気持ちでした。拠って立つべきは私のミッションである「学生のため」という軸です。要所々々で決断を迫られたとき、自分なりの判断で「学生のために何がベストか」という問いに戻ることにしました。そしてもうひとつが時間の軸です。今は一刻も早く新しい形を作るべき時で、時間は限られます。与えられた時間で今手元にある情報で自分としてのベストゲスを行い、とにかく時間内に形にすることを心掛けました。こうして、あえてコンセンサス作りを忘れ、アウトプット作りに集中していったのです。修正があれば完成してから行えばよいし、もし私としてのベストエフォートがサポートを得られなければその時点で辞めればよいという居直りでした。

こんな火事場のような環境では結局この居直りが功を奏し、いつの間にか孤独感も忘れ、目の前の建設現場に心が吸い込まれていくような感覚を覚え、作業は大きく前進し始めることになります。

■ビジネス経験、大いに活きる

助かったのは40年間のビジネスの経験が大いに機能したことでした。白いキャンパスに見たことのない絵を描く難しさには往生しましたが、具体的なアクションの段になるとビジネスでの経験が大いに役立つことに気づきました。知識や情報や人脈もさることながら、限られた時間とリソースの中でのベストの解を探し出すdecision making processや、それを実行に移していく時の順序立ての方法、関係者の巻き込み、そして前進していくときのスピード感、これらビジネスの世界では当たり前の事柄が面白いように機能するのです。

印象ですが、アマチュアスポーツの世界で何かを進めようとする時、そのスピードや効率性は企業社会の尺度からするとかなりレベルが低い。いろいろな理由もあり歴史を引きずっている結果ではありますが、事実としてかなりのギャップがあります。そこに一般社会、特に企業社会での常識をうまく持ち込むことで大きな付加価値を提供する機会があるのです。

これまで転職でいくつかの企業を経験し、その都度経営者として付加価値を出すことを求められた経験も役立ちました。新しい場所に来たとき、その文化や風土に自分をアジャストしながらも、どこでも通じるはずのプロセスや判断の方法を関係者の理解を得る形でコミュニケーションすると意外にスムーズに受け入れられ、ありがたがられるものです。

これはちょうどビジネスでブルーオーシャン（まだ競争相手のいな

い未開拓の市場）を見つけ、自分のブランドを自由自在に成長させていくときの快感に似ています。当たり前のことをやっても「すごい」と評価され、思わぬスピードで物事が前進することを体感するのです。こうなってくるとウォリアーズの仕事に次第に快感を覚えるようになってきました。

しかしこの快感とは裏腹に、今度は今ひとつの悩みが大きく膨らみ始めます。法人作りを進めるに連れ、私自身がこの業務から抜けられない状況になってきたのです。

ビジョンを描くところまでと思って手伝いのつもりで始めた仕事であり、「一区切りついたら次の仕事を」と考えて引き受けていました。しかし、作りこんでいくうちに、ますます自分が深く関わらないと次の段階に進めない状況になってきます。前に進むほどに各関係方面に対して私自身のコミットが生まれ、自分にノウハウが溜まる。誰も経験のない仕事だけに今自分が抜けたら崩壊するリスクすら出てきました。

これに加え、この支援体制を今後動かしていくためには、かなりのコ

ミットを対外的に示す具体的な人物が必要になってきました。実際にはOBOG 1,000人にその役割を求めても手を挙げてくれる人はいそうもありません。そうなると発足後も私がいないと当面は動かないことになり、この構想は絵のままで崩れ去るおそれもあります。

実はこの間ジョブオファーもいくつか来ていたのですが、「タイミングが合わない」という理由で断っていました。悶々とした自問自答の日々が続きます。どうしよう、本当にこのまま続けるのか？この後のキャリアはどうなるのか？自分はもっと違うことがやりたかったはずだと。

■心境の変化

そんな心の葛藤を和らげてくれたのは、OBOG、保護者、大学、メディアなどの法人のステークホルダーたちが前向きな反応を始めたことでした。

立ち上げのころは苦労ばかりで、それこそ「ほふく前進」のような毎日だったのですが、ある時期からこのステークホルダーたちの反応がポジティブに変わり、不思議なほど急速に物事が転がり始めたのです。我々が少しずつでも前進を続けその成果を示したことで、具体的で現実的なゴールのイメージを理解してもらえるようになったのかもしれません。

結果、最初は遠巻きで見物していたステークホルダーたちが、ある時期から前向きな反応を始め、私たちの提案に呼応し、むしろ私たちの背中を押してくれる存在になっていきました。

「安全対策・人間教育」というコンセプトに最もポジティブに反応したのが保護者でした。大切な子供たちが激しいスポーツに関わり、多くの時間を費やしているのです。「せっかく東大に行かせたのに」という気持ちを持つ親も多いのですが、学生たちの一途な気持ちを知ったり、周囲からの支援に触れたりすると、多くの保護者は180度転換してポジティブな気持ちになってくれます。

OBOGにとってウォリアーズは自分の人生のアイデンティティでもあり、強くなってほしいという気持ちは人一倍強いものがあります。しかしオーナーシップの意識も強く、誰がどんな方向にウォリアーズを動かそうとしているのか分かるまでは警戒心も生まれます。しかし、私たちが「学生のため」を考え、環境向上を旨としていることが分かり始めると、徐々に警戒も解け力強いサポーターになり始めました。この間、森が一貫してプロフェッショナルな姿勢を示したこともポジティブに働きました。

当初私たちの動きに警戒感を示していた大学も、私たちが既存の制約の中で「学生の教育のため」に環境作りの活動を積み重ねていることを確認すると、大きく歩みより、むしろ変革を共に進める同志としてその距離を縮めてきました。

メディアもポジティブな反応を始めました。ちょうどそのころ、アメリカンフットボールのタックル事件やボクシング、女子レスリングなどでの問題が頻発し、大学の運動部をはじめとしたアマチュアスポーツのガバナンスに注目が集まったことも背景にありました。

それぞれのカウンターパートの「ウォリアーズの改革」に期待するものや、改革から得ようとするリターンの中身は少しずつ違います。そのため自分たちでこれらを結集させようというモチベーションは自然には生まれませんが、ウォリアーズ改革が進めばそれぞれが得るリターンも大きくなるはずなのです。

ちょうど何本もの川の流れがあって、それぞれの流れが各々の思惑で動いている時、もし皆でひとつの場所にその流れを注ぎ込めば、そこには大きな湖が生まれ、満々と水をたたえて周囲を利し、同時にこれらの川の流れにとっても効用を生む、そんなイメージが湧きます。

皆に共通しているのは、スポーツが若者の成長のためにすばらしい力を発揮するという考えでした。そして、今の大学スポーツが置かれている環境は十分でなく、変革が必要だという認識も共通していました。だからこそ学生が伸び伸びとスポーツに打ち込める環境を作ろうという試みには皆賛成なのです。

しかし、それぞれ求める価値を実現・維持しながら、一方で既存の垣根を取り払い、全体をゴールに向けて動かすパイオニアが必要だったのです。

何か堰を切ったような感じがしました。前に進むに連れてゴールの湖に流れがさらに注ぎ、しだいに大きな貯水となっていくのを見る思いで、これは快感でした。苦労が報われるとはこのことだと感じました。もともとはウォリアーズを強くしようとコツコツやってきた仕事が、ひょっとすると社会に対して面白い提案をすることになってきたのかもしれないと思えるようになったのです。

■キャリアとしてのウォリアーズ

この感覚が自分のキャリアへの思いにも影響を与え始めます。自分自身、キャリアを考えるときに企業社会というパートにこだわりすぎていたかもしれない。「キャリアを積む」とは自分の市場価値を高めていくことだと考えていましたが、その市場を企業に限定しすぎていたのではないか。社会が求める価値を提供することがキャリアを積むことになりますが、この時、社会のどのパートであるかは本来問題でないのかもしれない。どうやらこれまで自分で勝手に「企業社会」と「一般社会」を切り離して考えてしまっていたようだ。

社会のダイナミズムは常に既存の垣根を壊し領域を再定義し、それが社会の進歩につながります。そう考えると、ウォリアーズの仕事を続けることは自分にとってセカンドキャリアでもサードでもなく、これまでと同じ土壌にある、連続性の上のキャリアだという気持ちになってきたのです。

ウォリアーズの支援体制作りはまだ始まったばかりで、せいぜい言っても道半ばです。基本的な体制を強固にするとともに、次の人たちが法人経営に参加しようと思える環境を作ることがこれからの重要な仕事であると心しています。

そのためには､運営の高度化もさることながら､この㈳東大ウォリアーズクラブの仕事が、これから続く人にとってキャリアと位置づけられるように、社会的な存在意義を高めることが必須だと思います。

さて、日本社会に目を転じると、今後の超高齢化の中で経済成長を続けるための仕組み作りが論議されて久しいですが、クリアなコンセンサスはまだありません。同時にこの問題の根底にあるいわゆる日本的雇用形態、その変革が叫ばれてからまた久しいものの、多くの日本企業が本質的な改革をしたかと言えばNOです。

そうこうするうちに、この社会システムが生み出す「定年後」の人たちの数は急激に増えていきます。これらの人たちは、今の社会環境の中ではどうしても「人生をリタイアした」気持ちが強く「本流からは外れた」心境になってしまいます。

社会全体のシステム変革を待っていられないとすれば、まずはこの人たちの気持ちの変革がないと手遅れになります。ましてや人生100年時代です。彼らが幸福感を得るためには彼ら自身の意識を変えなければなりません。

社会の変革はいつも若い世代に負うところが大です。若い世代が既存の枠組みを壊し、柔軟な発想で新しい時代を作ります。今の30代、40代の経営者にもリスペクトできる人が数多くいます。

一方で、定年後世代にはこれまで積み重ねてきたたくさんの経験、知識や人脈があります。この豊富な経験や知識は、その使い方さえ柔軟にすれば、実は新しい発想作りに大きな力を与えるはずです。そのためにはこの世代の人たちが、これらを活用して自ら社会にインパクトを与えようとする気概を持つことが大切です。自分たちが何を持っているかは自分たちが一番わかっているはずです。単に手伝いのためにそれらを切り売りしようとするのではなく、これからの社会のニーズを見出し、それに活用する術を自ら提案するようなパワーグループになってほしいものです。

私たちは若者のために㈳東大ウォリアーズクラブを立ち上げ、私自身も学生のためと思いこの役を引き受けました。しかしこの仕事を通じて、逆に社会のダイナミズムを学ばせてもらっています。

社会の高齢化は進みます。ウォリアーズのプロジェクトが大きな湖を作り始めているように、社会のそこここで新しい動きが生まれ、それに「定年後」の人たちも含め多く人たちが既存の垣根を越えて参加し、社

会の活性化につながっていくことを期待したいのです。そして私たちウォリアーズの活動が少しでもその参考になり、社会の動きの触媒となることができればこんなにうれしいことはありません。

■ Comment

川原田　美雪さん

2017年度　主務

「東大生がスポーツで日本一になる」。東大に入ってすぐ、数え切れないほどのサークルから勧誘を受けましたが、最初のテントでアメフト部の先輩に言われたこの一言がずっと忘れられませんでした。気づいたら、アメフト部のイベントばかりに参加するようになり、流れるように入部を決めました。

森さんに出会うまでの3年間の部活生活では、目の前のチーム運営に必死でした。100人を超えるチームを運営する仕事は予想以上に難しく、そして楽しいものでした。選手、他スタッフ、コーチ、大学、連盟、チームに関わる全ての人の行動を先回りして想定して、準備をする。アメフトは準備のスポーツとも言われますが、チーム運営もまた、どれだけ正確に網羅的に準備できるかが非常に重要です。100人以上の10泊合宿を運営したり、4,000万円規模の会計を管理したり。大きな責任を感じながらも準備の精度を上げていくチーム運営の仕事にはとても多くの学びがあった一方で、「東大生がスポーツで日本一になる」という目標の前には何もできていない焦りもありました。

もっと何かできるはずなのに、何をするべきなのかわからない。そんな焦りの中で始まったのが森さんをはじめとする新しい体制でした。

森さんとお会いしたのは、2016年12月24日。その日のことは今でも鮮明に覚えています。「俺は東大を日本一にするために来た。ヘッドコーチとして受け入れるかどうかは、お前たちが決めろ」。あまりにも予想外の出会いで混乱しながらも、森さんの下でTOP8を目指したいと全員一致で決めました。

森さん、三沢さんが最初に幹部に求めたチーム作りは、理念を決めることでした。チームのスローガンを考えたことはあっても、理念なんて考えたことがありませんでした。「なぜこの部活に入ったのか？」「なぜ勝ちたいのか？」「なぜ勝たなくてはいけないのか？」改めて考えると難しい質問に、幹部全員で頭を悩ませた日々が、このチームのスタートとして最も重要なステップだったと感じています。そしてこの日々があったからこそ、苦しい時も、自分が選んだ道として最後までやり切ることができました。

実際に森さんを迎えて新体制の下で練習が始まると、私たちスタッフのあり方も大きく変わりました。森さんが毎日練習にいらっしゃるおかげで、練習メニューやコンディショニング、アサインなどあらゆるコミュニケーションが円滑に進みました。雷が鳴った時や、怪我をした時など、命にも関わる練習運営の決断を学生幹部が行うこともなくなりました。

チーム運営上の最も大きな変化は、予算を作るようになったことです。今思うと当たり前のことですが、当時はとても苦戦しました。それまでは、年度末になると会計担当者が膨大なレシートを並べて数字が合うまで電卓とにらめっこをするのが恒例行事で、次年度の予算を考える余裕なんて全くありませんでした。しかしこの年からは新たに会計システムも導入し、承認体制も構築し、今までより格段に正確な管理ができるようになりました。会計士の方にもついていただき、私たち自身とても勉強になりました。

また、多くの寄付をいただいたおかげで、たくさんの設備投資を行うこともできました。今までは検討もできなかったケア用品や練習用具を購入したり､部室の改装工事を行ったり…。徐々に環境が改善していき、目の前の練習に集中できるようになりました。

他にも語り尽くせないほど多くが変わり、膨大な仕事量に全員ついていくので必死でした。一方で、仕事の範囲が広がったことでそれぞれがやりがいのある仕事を見つけて、今まで以上に楽しく仕事ができていたことも間違いありません。また、恵まれた環境に感謝すると共に、結果への責任も問われる立場になったという自覚も芽生えました。

そして瞬く間に1年間が過ぎ、現役最終戦を迎えました。

引退した私の心には、チームを強くするためにできることがまだまだあったのではという心残りがありました。目まぐるしく変わるチーム改革のなかで、たくさんの人に出会い、刺激を受け、自分自身も少しずつ視野が広がったのだと思います。何をすれば良いのかわからなかった3年次とは違い、あれもこれももっとできる！とワクワクしていました。

引退後の5年次（大学院）で最も力を入れて取り組んだのは、㈳東大ウォリアーズクラブの立ち上げ準備です。好本さんと密にコミュニケーションを取るようになったのはこの頃からでした。

まず、好本さん・三沢さんから、なぜ今、一般社団法人を立ち上げるべきなのかというビジョンをたくさん教えていただきました。大学スポーツの現状の課題と限界、あるべき姿とそれまでの道のり…。当事者として大学スポーツに携わりながらも考えたこともない視点ばかりで、恥ずかしく感じたのを覚えています。

その後は、予算の作成、体制構築、ファミリークラブやファンクラブの立ち上げにも参加しました。私が担ったのはそのうちのほんのわずかな要素でしかありませんが、OBOG会・ファミリークラブ・ファンクラブ、総勢1,000人を超える規模の組織構築は、今後の人生でそうそう経験できるものではありません。組織作りを通して、「日本一のチーム」とは現役学生やコーチだけではなく、それを取り巻く全ての関係者にも大きな責任と貢献があると感じました。

また、法人を支援してくださる企業や大学関係者、OBOGの方々などたくさんの人にお会いする機会をいただきました。この経験が私にとってはとても大きいものでした。実際にお会いすることで、多くの人がウォリアーズの価値に期待してくれているという実感が湧きました。そして、その期待に応えて良い関係を築き続けることで、チームはもっと強くなると確信しました。

部活を通してたくさんのことを学んだと感じていましたが、客観視点で、俯瞰したチームのあり方を考える経験をしたことでこれまでの学びがさらに深まりました。一方で、５年次の学びを現役世代に伝えきれなかったことが唯一の心残りです。

今、私は社会人になりました。このチームで学んだことは全ての仕事

に生きています。チームの理念、ミッションが何なのかを自分のこととして捉えて、深く考えること。そしてそのために自分は何ができるのかを理解してすぐに実行すること。信頼する仲間と協働して、あるべき姿を諦めずに最後まで目指し続けること。言葉にすると簡単ですが、とても難しく重要なことです。

チームを離れ社会に出た今も、ウォリアーズで学んだことを忘れず「日本一のチーム」に恥じない行動を心がけ、少しでもチームに恩返しができればと思っています。

第13章

新型コロナウイルスへの対応

■コロナとの闘い

新型コロナウイルスの猛威は大学スポーツにも多大な影響を与え、東大でも2020年4月初旬の緊急事態宣言に伴い施設が閉鎖され、その後約3か月間、学内での運動部の活動は完全にストップしてしまいました。

新チームとして、TOP8での2年目のシーズンに向けスタートを切った矢先でした。出鼻をくじかれ、コロナの先行きが見えないだけに、当初は学生たちも私たちも大いに困惑し、気持ちの整理をつけるのに苦労しました。

しかし、森ヘッドコーチのリーダーシップとそれを支える法人の体制はここでも機能したのです。もともと新体制の重要な目的は部活動のガバナンスを維持することにあり、コロナ禍も部活動を揺るがすリスクでした。新体制で取り組んだ最初の大きな外部リスクがコロナだったことは皮肉ではありますが、もしこれに学生だけで対応しなければならなかったとしたら相当な混乱と被害が想定されました。

新体制がスタートして2年が経過しており、すでに様々な場面で学生たちと「大人たち」が協働作業を経験していたことも功を奏しました。学生が大人からの指導を冷静に受止め、自律的、自主的に行動する習慣を身につけていたのです。

しかしながら思い通りに活動できない彼らの心情を思うと私たちも切なくなります。特にフットボールに4年間をかけてきた最上級生の思いは切実です。新入生の勧誘もなかなか進まず、また2020年秋のリーグ戦は、時期、期間、内容ともに簡略化した形での開催になる予定です(2020年8月現在)。

森は次々と学生たちにメッセージを投げかけ、具体的なアクションを指示していきました。

■社会のメンバーとしてルールを遵守する

日頃から森は学生に社会の一員としてのルールを守ることを求め、何度も念押しをしています。これは、ひとりの部員のルールを外れた行動が部活動や部の存続に影響を与えるリスクを回避するというためだけではなく、そもそもアスリートとして成長させようとすれば、まずは人間として成長させることが必須だという信念から来ています。大学の運動部活動が人間教育の場であることを考えれば、部活動の中で社会の一員としてのルール遵守を教え込むのも当然のことなのです。

特に日本のコロナ対策は、公的な強制力よりも、社会全体でひとりひとりが行動のルールを守ることで広がりを最小限にしようという考え方です。森は学生たちに、部活動だけでなくすべての行動において、求められるルールを守りウォリアーズとしての尊厳を保つようにと教えました。これまでどおりの活動ができないことでフラストレーションは高いものがあります。しかし、こんな時に自分をコントロールできる力こそアスリートに求められる資質なのです。

■できる限りの努力を積み重ねる

試合に勝つためにあらゆる努力を続けることが、どんな状況にあっても変わらないウォリアーズのテーゼです。森は、この環境は学生たちの人格形成や人間的成長を目的とする我々のあり方が真の意味で問われている状況だと認識していました。学生には最低限の方向づけをした上で細かな指示や口出しはあまり行わず、自主性に任せ、彼ら自身がこのテーゼを具現化していく姿を見守ることに心掛けました。

その結果、学生たちは次々とアイデアを産み出し、下記のような様々なアクションを進めていくことになりました。

- Zoom や Skype を利用したリモート環境でのトレーニング、各種ミーティング、勉強会、感染予防／栄養／トレーニング等に関する情報共有・提供
- Slack での各自の体調／コンディション状況やトレーニング内容の報告と共有
- SNS や Zoom を使った勧誘活動
- チーム内サークル活動の立ち上げ
  倒立、柔軟、ヨガ、NFL、英会話、筋トレ、睡眠改善、スピトレ、ジャグリング等々
- Slack で、全体に向けた4年生のリレーメッセージ、各パート内でのリレーメッセージ
- パート内で特に上級生と下級生のコミュニケーションを密にするために、お題を決めて各々が答えることでお互いを知る

・Google フォーム等の無料のサービスを利用したオリジナルの体調報告集計システムを部内 SE が作り、部員の体温やコンディションを記録する

■学生から大学への要望書提出

コロナの広がりは、運動部活動だけでなく東大全体を閉鎖に追い込んでしまいました。授業も春学期はすべてリモートで行われることになり、学生であっても構内に入ることが難しい状況となりました。こうなると再び開放するまでにはどうしても時間がかかることになります。しかもここでも部活動が「課外活動」であることのハンデがのしかかってくるのです。大学の意識はどうしても「まずは授業の再開」の方へ行き、課外活動については「授業が再開してから」となってしまいます。

しかしながら、コロナのリスクだけを考えた場合、授業や研究活動とスポーツを比較してクリアな高低差はありません。スポーツの種目によるリスクについても然りです。社会全体でもそれぞれの活動の特性を考えた予防措置を講じながら前に進んでいこうという流れです。また、活動を再開したとしても、「自主的な課外活動」である運動部はその予防策はすべて自己責任で行うことになります。それなのに再開時期の決定だけは大学に委ねられる形になっているのです。

6月の時点で、すでに関東1部リーグのすべての私学のアメリカンフットボール部で練習が再開されました。大学の経営的視点もあるのでしょうが、それぞれが自己責任の下、自主的に予防措置を講じての再開です。しかし東大ではなかなか進まず、我々は交渉を繰り返しました。

そんな中、学生たちが自ら動きました。ある部からの声かけをきっかけに、ウォリアーズを含む主要な4運動部が集まり自ら「活動再開指針

案」を作成しこれを大学に提出したのです。この指針案には、活動再開の判断基準や活動上の予防策等が事細かに規定されており、専門家の意見も取り入れた高いレベルの内容になっています。

このように学生たちが自ら考えて作り、しかも複数の部が連名で要望書を提出したことは大学当局に大きなインパクトを与えました。

■練習再開における指導

練習再開に関して、森が大学に強く主張したポイントがあります。それは再開後の急激な運動が怪我や事故に結びつくリスクと、だからこそ早いうちに再開して軽い調整から始め、時間をかけて段階を踏んでいくことが重要だという点です。

夏･秋がシーズンの種目であれば、通常は春先の体作りから始め、徐々に負荷をかけ、様々なシチュエーションを想定した練習を繰り返して体を作り、その動かし方を身につけていくのが通常です。このプロセスには十分に時間を使うことが肝要で、例えばアメリカンフットボールの場合には、公式戦でのフルコンタクトに耐えうる体を作るためには最低3か月半は必要だと言われています。

以前NFL（アメリカンフットボールの米国プロリーグ）で労使争議があり、春のトレーニングがチームではなく個人で行われたことがありましたが、リーグ戦直前の夏のキャンプではアキレス腱断裂などのシビアなケガが続出しました。意識や知識レベルの高いはずのプロでさえこんな状況なのです。

練習再開が遅れ、公式戦までの時間が短くなった場合、学生たちの焦りが高じることが十分に考えられ、ましてや学生中心の活動を行っている部活動の場合なら、4年生の「最後だから」という思いに引きずられ無理をするリスクが高まります。きちんとしたコロナ対策は当然のことですが、怪我や熱中症の対策も、学生の安全という観点では同様に気を配らねばならないポイントなのです。

練習に伴うコロナの疫学的リスクは、6月であっても7月であってもおそらく変わらないはずで、予防策の内容も基本的に変わらない。しかしながらケガや熱中症防止のためには少しでも早い段階の再開が望まれます。事実、6月に再開した関東の私学強豪校でも思わぬケガや熱中症が頻発しているとの情報も入っていました。

森は、施設閉鎖中の学生の活動についてはできるだけ彼らの自主性を尊重しようとしましたが、再開後の活動については明確なリーダーシップを発揮すべく準備を進めました。これこそ「大人」が、その経験を活かして活動プログラムを示し、学生の気持ちの持ち方を指導すべき領域と考えたのです。

■「大人」としての仕事 ― コミュニケーション

今ひとつ、私たち「大人」が意識して取り組んだのが関係者とのコミュニケーションです。

学生たちの心境や積み重ねている努力をステークホルダーであるOBOG会やファミリークラブ、ファンクラブと適切にシェアしていくこが、ウォリアーズファミリー全体のモメンタム維持のためにも大切です。私たちは学生の活動を俯瞰的に見ることのできる立場として、適宜様々なルートでのコミュニケーションを心がけました。

一方、大学当局とのコミュニケーションにおいても重要な役割を持つことになります。大学にとって学生は基本的には管理する対象です。また大学内の意思決定のプロセスも複雑で、本音・建前の切り分けも時として必要となります。こんな中で、大学の「相手」として、現場の課題解決について建設的な話し合いを進めていく上で私たちの存在意義が出てくるのです。

■未来を切り拓くフットボール

「今回のコロナ問題について、学生たちは不運だとは思うが可哀想だとは思わない」と森は言い切ります。学生にとっては貴重な経験であり、これも部活をやっているからこその教育的なプロセスであると考えるのです。

だから勝利に向かう執念の手綱は緩めない。スポーツはすばらしい。そのすばらしさは本気で勝利を追求してこそ味合うことができる。与えられた環境はこれまでより不自由ではあるが、その中にどうやって最適解を求めるか、そのプロセスにこそ教育的価値があるのです。

コロナ禍の渦中にいる学生にはなかなか実感できないかもしれませんが、いつの日か2020年を振り返り、この経験が自分の大切な支えとなっていることに気づいてくれることでしょう。これこそが「未来を切り拓くフットボール」なのです。

追記：新型コロナウイルス禍にあたり思うこと

私はバクスター在籍時に阪神・淡路大震災に、日本マクドナルド在籍時に東日本大震災に、それぞれ経営者として直面しました。今回の新型コロナウイルスによる影響はこれら自然災害と比較して、質的にも地域的広がりの面でも大きく違い、またこれまで経験が蓄積されていないという意味でも、経営者にとっては特異なチャレンジになっていると思いますが、報道を見るにつけ自分の経験を思い出します。

チャレンジは異質でも、ひとつ共通するのはこのような緊急事態におけるリーダーの役割が極めて大きく、それだけに、リーダーにはとてつもなく大きなプレッシャーがかかってくるということです。

阪神・淡路大震災の時も、東日本大震災の時も、経営者にとっては突然の自然災害であり、日ごろから議論し準備しているつもりでいたものの、その場に直面すると想定外のことばかりでした。事態はどんどん悪化し、考える時間もなく、様々なレベルの意思決定を次から次へと行わなければならなくなります。

こういう時のリーダーの一番の責任は、とにかくひとつひとつの意思決定を早く、明確に行っていくことです。情報は十分にはありません。誰がやったって全部正解など出せないのです。その中で自分が責任を取り、右に行くのか左に行くのかをはっきり表明し皆を動かさなければなりません。現場は被害を受けているし、社員は混乱しており、どうすれば良いのか皆リーダーの顔を見ています。

こんな時、不確かでも前に進むことが求められるため、朝令暮改もやむなしとの覚悟が必要ですが、リーダーとして右往左往することは極力避けたいところでもあります。

右往左往のリスクを最小限にするためにはいくつかのポイントがありますが、ひとつは「事実」をできるだけ迅速に集め、自分にインプットすることです。緊急時には「何が起きているか」も大事ですが、「このあと何が起きるか」の予測はもっと大事です。予測は勘にも頼りますが、今何が起きているかを正確に把握してこそ、これから何が起きるかの勘も研ぎ澄まされるものです。

ただ、大混乱の中「何が事実か」などと議論したり分析したりしている暇はありません。そこで、経営判断をするために有効な「事実」をいち早く手に入れるために情報のルートを整頓することが大事になります。緊急時には会社組織の通常ルートからの情報を待ってはいられないのです。

そのため情報のルートは3つに絞りました。ひとつは緊急事態に直面している社員からの情報、いわゆる「ナマの声」です。事実には客観的なものだけでなく、主観的な事実もあります。現場が事態をどう受け止め、どう感じて、何をしてほしいと思っているか、この角度からの情報も連日収集するのです。

もうひとつは現場の社員としてではなく、経営側の目で、しかも実際の現場の空気に触れてつかむ「事実」です。いわゆる「土の香りのする情報」です。本当はリーダー自身がその場に行くのが近道なのですが、こういった緊急事態にはリーダーは全体が俯瞰できる「作戦本部」にどっしり構え次々と意思決定をしなければならないというジレンマがあります。そこで自分に近く、日ごろから価値観を共有している、信頼のおける人間を現場に行かせ、その人の目と肌感覚で現場の「事実」をつかみ直接報告をもらうことで代用しました。

そして3つめのルートがパブリックな情報です。メディア、行政等から大量の情報が発信されるわけですが、これを社内のプロがいち早く整頓し、経営メッセージに落とし込みどんどんリーダーにインプットしていくルーティンを作ります。パブリックな情報は事後報告的な性格のものが多いので、これらの中からいかに経営判断につながるものを探し出すかがポイントになります。

こうして整頓して集めた情報を即刻頭に入れ、ガラガラポンしてその場で出せる結論をどんどん出していく。短時間での勝負の繰り返しです。

こうしてリーダーに一番期待される「意思決定」は進んでいきます。もちろん情報が十分でなく時間との闘いもあるため試行錯誤は続きます。こんな中、社員が同様に期待するのがリーダーからの直接のコミュニケーションです。

伝えるべきは結論だけではありません。緊急事態にメンバーの気持ちをひとつにする上で特に大事なのが「なぜこのアクションをするのか」という目的意識です。リーダーは、すべては言えないにしても、今何が起きていて、それをどう判断して、どういう理由で何をしようとしているのかを、なるべく短い、クリアな表現でどんどん伝えていくべきで、これがリーダーと社員の距離を大きく縮めます。また、実際のアクションを進めるのは社員なので、彼らがそのアクションの理由と目的まで理解していればアウトプットのレベルは格段に違ってきます。

そしてもうひとつ、リーダーが悩みもがいている様子を正直にコミュニケーションすることも意外に有効に働きます。リーダーは毅然としていなければならず、特に緊急時には顔色を変えずに一貫した鉄の意志を示さなければと考えがちです。しかし、苦しんでいるということは、本気で取り組んでいることと社員には映ります。また、今日下した決定も、明日誤りに気づけば即刻覆すべきで、そもそも一貫性を貫ける状況ではありません。むしろ、その思考の過程や苦しむ様子を社員にシェアすることで、方向修正に彼らを心情的に参加させることができるのです。右往左往しているわけではなく、その場その場での最大の努力を積み重ねているのだと。これはチームワーク強化にもつながります。

しかし、こんなことも、過去の経験を振り返っているからこそ整然と話せるのかもしれません。今、このコロナ禍の渦中に経営者としていたら、きっと緊張感で悶絶する日々を送っていたことでしょう。
　今、社会全体が大きなチャレンジを受けています。先行きがはっきりしないことで陰鬱な空気にもなりがちです。しかし過去幾度となく経験した時と同じように、日本人と日本社会のモラルの高さと真面目さが、この困難からいつか私たちを救うと信じています。企業もきっと輝きを取り戻してくれるでしょう。そしてこの国で、企業で働く人たちが高いモチベーションを持ち、もっと活き活きとしたビジネスパーソン人生を送ることができるようになることを心から願っています。

インタビュー

日本の体育会運動部を取り巻く課題

ウォリアーズ監督　三沢英生

前章で述べたように、ウォリアーズは2020年のシーズンをスタートするという時に新型コロナウイルスの感染拡大、緊急事態宣言、活動自粛という事態に見舞われました。

新型コロナウイルスによって社会全体の課題が浮き彫りになりました。国や自治体の感染症対策、医療体制に問題があること、また日本で防護服やマスクが不足することなど誰が予想したでしょうか。そして、それは日本の体育会運動部を取り巻く環境についても同様でした。

ここではウォリアーズ監督であり、筑波大学客員教授、元㈱ドーム取締役 常務執行役員としてスポーツ界全体を俯瞰している三沢英生氏に話を聞きました（2020年6月17日）。

日本体育大学戦での森ヘッドコーチと三沢監督（2019年11月24日、横浜スタジアム）

■コロナ対策は誰が決めているのか？

4月初旬に緊急事態宣言が出され、ウォリアーズの通常の活動は完全にストップしました（それでも、学生、コーチ全員が各自できることを精いっぱい取り組んでいます）。現在、関東学生アメリカンフットボール連盟（以下「関東学連」）1部リーグ所属16校の監督またはヘッドコーチと関東学連の関係者が集まり（通称：監督会）、毎週のように学生フットボールの発展や教育、学生の安全対策、もちろんコロナ問題にどう対応するかなどについて話し合っています。監督会という場は以前からあったのですが、当初は今ほどフランクに何でも話し合えるというような雰囲気ではありませんでした。しかし、社会的関心を集めた日本大学アメフト部の悪質タックル問題が起きた時に、何とかしなければいけないと、毎日膝詰めで話し合い、それがきっかけで深い信頼関係を相互に築くことができました。今では、各大学のチームがどのような状態にあるのかなど、お互いに把握できている状況にあります。もちろん、勝負ごとなので、みんな相手に勝ちたい、負けたくないという気持ちはあるのですが、それ以前に「学生の安全が第一だよね」という思いを共有できています。コロナに関しても、監督会で相当詰めた議論ができています。

コロナを甘く見ちゃいけないと思うし、甘く見る気は一切ないです。しかしフットボールに関していえば、活動停止期間というブランクがあった後に練習を再開するということについては、脳震盪をはじめとする怪我、そして熱中症といった危険性があるわけです。タックルやブロックの基本をちゃんとやらないで、いきなり頭から突っ込むということがどんなに危険なのかということです。すでに練習を再開している強豪校の監督からは、怪我人が多く出てしまっているという報告を監督会の中で受けています。久しぶりにプレーすると、高校からずっとフットボールをしている強豪校の選手ですら怪我をしてしまう。それほどブランクによる影響は大きいという情報が共有されています。ではこれで良いのかというと、本来はそうではないと思います。

監督会は学生の安全を第一にして機能していますが、監督会だけがこの動きをリードしていればいいのかというと、そうではないのです。学生の安全については、学生たちが在籍する大学が責任を持つべきで、複数の大学にまたがる方針や決め事については、それらの大学の責任者が集まって決めていくべきだと思うんです。具体的には、各大学の代表者が集まった会議＝NCAA（全米大学体育協会。詳しくは後述）みたいなものがあって、大きな方向性、例えば「教育」「安全」というような方針をまず決める。あとは競技ごとの分科会で、例えば「サッカーに関しては９月スタートにしましょう」「アメフトに関してはこうしましょう」と決めるべきなのです。そしてこの「大学の集合体」で決めたことを大学が守り、それぞれの学生に指導するというのがあるべき形だと思います。自分たちで決めたことを自分たちで守る、ということです。「課外活動」の定義はさておき、学内で行われている学生の活動は教育の一環であることに間違いないわけですから、最優先されるべき学生の安全については、当事者である教育機関の代表が集まって決めるべきなのです。

しかし、日本の場合には各競技の学生連盟（以下「学連」）が大会運営や各大学の運動部活動の方針を決め、その学連に加盟する運動部がそれに従う形となっています。大学当局は、これについて関与することなく、それとは別に独自の方針を出すことがままあります。しかも、その方針も多くは「自己責任で十分注意して行うこと」という無責任極まりないものであるというのが現状です。つまり、学生の安全について、教育者としての観点から誰も関与していないのです。

そもそも日本の大学は、部活動内で生じた事案の責任を負う立場にないという構造的問題があります。学生が好きでやっている課外活動に、大学は責任をとる義務がないというわけです。しかし、国の緊急事態宣言によって活動を自粛していた選手が、学連の決定によって活動を再開し、熱中症や怪我の危険に晒される。そこに大学の責任はないのでしょうか？こういう状況がいつまでも続いて良いわけがありません。

関東のアメリカンフットボールの場合は、幸いにして監督会が学生の安全第一の観点から機能しています。またウォリアーズには、㈳東大ウォリアーズクラブというチームをサポートする一般社団法人があることで「大人」が情勢を分析し、判断するということができています。しかし、これは本来あるべき姿ではないのです。なぜなら、前述したように、本来は大学がその役割を担うべきだからです。

■ NCAA誕生について

では、日本の大学体育会はどういう構造であるべきなのでしょうか？大学スポーツが世界で最も繁栄しているアメリカのNCAA（全米大学体育協会）を参考にご説明します。

1900年代初頭、アメリカではアメフトの練習や試合中の事故による死者が数十人にものぼるという状況でした。この頃のアメリカの大学スポーツというのは今の日本の体育会とそっくりでした。大学とは直接関係のない任意団体であり、学生らが課外活動として好きでやっているという扱いでした。ハーバードやイエールといった大学のチームはそれぞれの大学を背負って戦っているというような雰囲気を出してはいましたが、現実には大学自体は無関係でした。そのような状況でアメフトの練習や試合が行われ、多くの前途有望であった尊い命が失われてしまったというわけです。当時は「スポーツで学生が死ぬなんてあり得ない。しかも運動部の学生たちはスポーツばっかりやっていて全然勉強しない。もう大学でのスポーツなんかやめてしまえ」という機運が高まっていったのです。

ところが、当時のセオドア・ルーズベルト大統領が「いやいや、スポーツには教育的価値があるだろう」と主張し、それを支持する大学が集まって、「どうしたら事態を改善できるのか考えよう」ということになりました。結果、70校弱の大学の学長が「スポーツにいろいろな問題があるのはわかるけれども、ちゃんとリスク管理とガバナンスのできる体制を作り、その上でスポーツを通じた教育をしていくのが大事なんだ」と同調しました。つまり、「机上の勉強も大事だけども、スポーツを通じた教育も同様に大事である」という結論に至った大学が集まり、始まったのがNCAAなんです。

現在NCAAの加盟校は1,200校近くにまで増えていますが、その1

丁目１番地は安全対策なんです。そして、NCAA はアカデミック、ウェルビーイング、フェアネスという三原則を掲げていますが、最初にくるのがアカデミックです。教育のためにならないのだったらスポーツをすべきではない、というのが NCAA の本質なのです。

それでは、この NCAA が上部団体として偉そうにしているかというと、そうではありません。もともと 70 校弱の大学が集まって作った団体であり、スポーツには教育的価値があることを認めた学長たちで立ち上げた組織ですから、大学の意思の集合体と言い換えることができます。

繰り返しになりますが、大切なのはアカデミック、つまり教育です。したがって、スポーツで命を落とすというようなことは、あってはならないのです。学生には卒業後、学生時代よりもはるかに長い人生が待っています。学生時代は、その後の長い人生で真に躍動するための準備期間なのです。教育の場であるべきなのに、安全が確保されていないままスポーツを行うなんて、それほど恐ろしいことはありません。「安全対策をするために組織を作りましょう」「リスク管理とガバナンスをやりましょう」「安全対策に限らず、学生のリスクを最小化しましょう。たとえば犯罪などのリスクもありますよね」。NCAA はそのような議論を経ながら今日まで拡大と成長を続けてきているのです。

■アスレチック・デパートメント（AD）

私が東京大学工学部の学生だった頃、ダイナマイトによる爆破実験を行ったことがあります。もしこの時、私が爆発で死亡したとします。大学が工学部の教授や准教授を任命し、その指導のもと実験を行っていたわけなので、安全管理責任は大学にあるわけです。したがって、事故の最終的な責任は総長が負うことになるのです。ところが大学の体育会運動部は任意団体で、課外活動なので、試合で命にかかわるような事故が起きても大学には責任はないというのが日本の実情です。

2018年、日本大学アメフト部の部員が試合中に故意に相手選手を負傷させようと悪質なタックルをしたことが社会問題となりました。この問題からいろいろなことが見えてきます。当該試合は関東学連の主催試合で、日本大学及び対戦相手の関西学院大学は招待されている側でした。多くの関係者がメディアに登場し様々な議論がなされましたが、主催者である関東学連、学生が在籍する大学を含めて誰かが「組織として」責任を取ったかというと、それは定かではなく、一部の指導者が道義的な責任を取っただけです。問題の本質の追求やその抜本的解決にはほど遠い状態のまま、うやむやに終わってしまったという印象です。本来はこういう時こそ、大学が教育機関として、教育的観点に基づいて今後につながる改革を行うべきだと思うんです。

大学の体育会運動部も工学部や法学部、経済学部などと同様に、ガバナンス、コンプライアンス、リスク管理ができる体制を取ることが必要

です。そのための第一歩は、大学の中にスポーツ活動を専門に管轄する部局としてアスレチック・デパートメントをつくり、人事と会計を大学が掌握することです。アメリカは100年以上前からこのような組織をつくり、発展させてきました。日本もガバナンスとリスク管理ができる体制を構築することが重要です。

■筑波大学のアスレチック・デパートメント

私が客員教授を務めている筑波大学で2018年に日本で初めてのアスレチック・デパートメント（AD）が設立されました。現在は男女バレーボール部、男女ハンドボール部、硬式野球部のガバナンスとリスク管理にあたっています。

AD設立にあたって、筑波大学の永田恭介学長はAD所属チームの学生たちを集めてこう言い切ったのです。

「君たち、今日もし練習中に君たちが死んでしまったら誰が責任を負うのか？君たちが帰宅中に事件を起こしてしまったらどうか？課外活動のままでは大学は責任を負うことはできない。私に君たちの全てのリスクを抱えさせて欲しい。私に責任を取らせて欲しい。そのためにADを設立し、大学が責任をもってガバナンスとリスク管理を行うことで、安全対策や学業との両立をサポートさせてほしい。学生アスリートはそのような環境で思いっきりスポーツをすべきなのだ」

運動部の学生が試合中に大怪我を負ったとしても、「大学は関係ない」と言い逃れするのが、多くの日本の大学のスタンスでした。それを筑波大学では、「大学が責任を取ることができる体制をつくらせてほしい」と、学長自らが発言したのです。私自身、筑波大学客員教授になる前から筑波大学の改革にずっと携わってきましたが、この永田学長の発言を聞いて非常に感動しましたし、筑波大学における体育会運動部の改革の成功を確信しました。

日本の大学スポーツの改革は緒についたところで、筑波大学の様な事例はまだ少数です。しかし、他の大学でもいろいろな取り組みが始まりつつあります。東京大学にはまだADができていませんが、㈳東大ウォリアーズクラブができ、アメフト部を支援し、スポンサー契約やサポートの受け皿となっています。東京大学においても、アメフト部というひとつの運動部として理念に基づいたボトムアップ的な変革の機運を、筑波大学のような大学上層部からのトップダウンの改革につなげていきたいものです。

■スポーツで収益を上げ教育のレベルを上げる

私が大学スポーツのあり方について深く考えるようになったきっかけはアメリカでした。前職の㈱ドームでスポーツビジネスに関わる中で、いろいろなものが見えてきたのです。大学スポーツという意味で言えば、アメリカが日本の目指すところとなると思います。因みにヨーロッパには日本やアメリカのような部活動はなく、地域に密着したスポーツクラブがその活動の中心となるので、ここでは除外します。

アメリカの大学では、スポーツで生み出された価値や富を利用して大学のスペックをレベルアップしていくということが当たり前になっています。ハーバード大学やスタンフォード大学のような有名大学はもちろん、それ以外の数多くの大学で、スポーツを軸に経営改革に取り組むことでアカデミックを含めた大学の質を上げ、評価を高めてきています。

アメリカでは、学生の2大スポーツ（アメフト、バスケットボール）だけではなく、大学スポーツ全体に投資することで大学そのもののブランド価値向上を図っています。大学のブランド価値が上がり、人気が上がれば収益も上がり、研究領域を含め至る所に再投資することができます。この結果、アメリカでは最先端の教育環境で、世界中から集まった優秀な学生が勉強、そしてスポーツに思う存分打ち込むことが可能になっています。もちろん、アメリカの大学スポーツにも問題はありますが、学ぶべき面が多くあります。アメリカのそのすばらしい面を取り入れ、日本のカルチャーやヒストリーを鑑み、日本独自の大学スポーツを作り上げていきたいです。

いま世界の大学を総合評価するランキングは8つぐらいあると思うのですけど、それらのランキングのトップ10を見ると、イギリスから2校、アメリカから7、8校入って、たまにスイスから1校入るみたいな感じです。日本からは東京大学が40位前後。早稲田や慶應はランキングに入っていないことすらあります。このままでは、世界との差が広がるばかりです。

スポーツに目を転じても、日本にはいまだに冷暖房設備がない体育館がたくさんあり、学校のグラウンドは土のままです。とても先進国とは思えません。いつまでも古臭いアマチュアリズムにこだわり、教育を理由に、というかタブー視しているため経済活動を行わず、スポーツの分野に富が回らないからこの様な状況になってしまうのです。アメリカにおいてもスポーツはかつてはコストセンターでした。しかしそこに適切なガバナンスと経営ビジョンが加わり、巨大産業化が達成できたわけです。

私の好きな言葉に「ムーンショット」というものがあります。これはアメリカの第35代大統領ジョン・F・ケネディが使った言葉です。当時、人類が月へ行くことは極めて困難だと思われていました。月へ行く、つまりとんでもなく困難なことに一致団結してチャレンジし、ゴールに向かうことをこの言葉は表現しているのです。

日本の大学にとって、従来の非生産的かつ非効率的なやり方を脱して、スポーツを軸に世界の大学と伍していくということは「ムーンショット」と呼べるでしょう。このチャレンジには価値があります。学生たちがスポーツに勉強に思いっきりチャレンジし、自律的に成長し、卒業後、日本を支え、世界をリードするような人材として活躍してくれる姿がはっきりイメージできます。私の夢が現実になるのです。

三沢英生　略歴

1973年神奈川県相模原市生まれ。聖光学院高校卒業後、92年に東京大学に入学するとアメリカンフットボール部に入り、2年時よりオフェンスラインの主力として活躍。史上最強と謳われた4年時のチームは悲願のプレーオフ（関東4強）進出に一歩届かず引退。東京大学工学部を卒業後はオフェンスコーディネーターとして96年のチーム初のプレーオフ進出に貢献し、雪辱を果たす。東京大学大学院工学系研究科修了後は、ゴールドマン・サックス証券を皮切りにモルガン・スタンレー証券、メリルリンチ日本証券で要職を歴任し金融業界において名を馳せる。2013年、スポーツ産業に圧倒的なポテンシャルを感じ、㈱ドームに参画。取締役 常務執行役員として辣腕を振るう傍ら17年に東京大学アメリカンフットボール部の監督に就任。18年からは筑波大学客員教授。中央省庁、自民党や議員連盟の各種会議において有識者としてスポーツ界のあるべき姿について提言を続ける一方、20年4月に移籍した㈱キャピタルメディカでは執行役員経営企画本部長としてヘルスケア業界にもイノベーションを起こすべく奮闘中。

おわりに

私は毎朝、犬を連れて散歩に行き、家から10分くらいのところにある区立の公園の中を通ることにしています。ここには少年用の野球場が2つ併設されていて、毎朝6時から必ずどこかの小学生の野球チームが来て練習をしています。朝から大きな声を出して元気よくボールを追う少年たちの姿は微笑ましく、こちらも元気をもらえます。

区内にはこういった少年野球チームが数多くあり、街の商店街や地域の掲示板にはメンバー募集のポスターをよく見かけます。各チームには必ず数名の指導者がおり、みなさん地元の人たちですが、もう長年関わっている人もいるようです。これに子供のお父さんたちが加わり、朝6時からという時間なのに、各チームに何人もの大人がついて子供の指導をしています。

実は私の息子も20年ほど前にあるチームに入れてもらい、私もその時には俄かコーチで練習を手伝ったものです。すでにどのチームも何十年もの歴史を持ち、中には大人になってから自分のチームの世話役を買ってでる卒業生もいます。

みな地元の子供たちなので同じ小学校に通う子も多く、保護者は小学校の先生方ともコミュニケーションを取りながら子供たちの活動をサポートしています。

このようにコミュニティが関わって、地域の施設で子供がスポーツを楽しめる環境があるのはありがたいことです。やはりスポーツの魅力なのでしょう。また、スポーツが若者の成長を後押ししてくれると皆が思っているからなのでしょう。これだけの活動が何十年も行政を含めて

筆者の愛犬そら

地域ぐるみで続いているのです。
ただ、毎朝通るたびにひとつ気になることがあります。お父さんたちは、お疲れの中、朝早くから来て一生懸命大きな声で子供たちの指導をしているのですが、その内容が、毎朝ほぼ同じ、限られた言葉ばかりなのです。

ホラホラ、もっと声だせよ！
早く、早く、サッサと動け！
あ〜あ、ボール、はじいちゃダメだよ！
ほら、フライ上げちゃダメだって言っただろ！
よくボール見ろよ！

これら指導者の言葉には数十年間進歩がありません。思い返せば、私も自分の子供のときには同じことを言っていたと思わず苦笑です。
この子たちに、勝ち方や、そのための練習方法、そして自分で考えることの喜びを早いうちから教えてあげれば、彼らはスポーツのすばらしさをもっと実感し、スポーツを通じてさらに成長することができるのにと思ってしまいます。
日本の社会はスポーツに理解があり、若者がスポーツに勤しむことのできる物理的な環境も整えられてきました。次は「指導」というインフラの質をどれだけ向上させることができるか、これが課題だなと思いながら、今日も愛犬と公園を歩いています。
本書をお読みいただいた皆様に心から感謝を申し上げます。
どうもありがとうございました。

好本一郎

著者略歴

好本一郎（よしもと・いちろう）

1978年東京大学法学部卒、ウォリアーズ OB、1984年コーネル大学 MBA。NTT、ベインアンドカンパニーを経て、バクスター常務取締役、スターバックス COO、日本マクドナルド CAO などを歴任。2018年より㈳東大ウォリアーズクラブ代表理事（初代）。

東大アメリカンフットボール部

ウォリアーズの軌跡

―新時代の大学スポーツを目指して―

2020年10月25日　第1刷発行

著　　者／好本一郎
発 行 者／山下浩
発　　行／日外アソシエーツ株式会社
〒140-0013 東京都品川区南大井6-16-16 鈴中ビル大森アネックス
電話（03)3763-5241（代表） FAX(03)3764-0845
URL　http://www.nichigai.co.jp/

印刷・製本／株式会社平河工業社

《中性紙三菱クリームエレガ使用》
ISBN978-4-8169-2852-9　*Printed in Japan,2020*